DIWRNOD MEWN HANES

Y DIWRNOD PAN AETH Y BYD YN SYFRDAN

MEDI 11eg.

Fiona Macdonald

Addasiad Elin Meek

Gomer

CYNNWYS

CYFLWYNIAD *4–7*

CYN *diwylliannau'n gwrthdaro* *8–15*

TEIMLO BOD NEWID *brwydr dreisgar* *16–21*

YR EILIAD ALLWEDDOL *Medi'r 11eg* *22–29*

CANLYNIAD *ofn a dychryn* *30–33*

WEDYN *y rhyfel yn erbyn terfysgaeth* *34–39*

Y DYFODOL *y ffordd ymlaen* *40–41*

LLINELL AMSER *42–43*

GEIRFA *44–45*

MYNEGAI *46–47*

CYDNABYDDIAETH *48*

CYFLWYNIAD

Tŵr y De, Canolfan Masnach y Byd, yn fflamau i gyd wrth i'r ail awyren daro'i tharged.

Mae dydd Mawrth, 11 Medi, 2001, wedi cael ei alw yn 'Diwrnod Arswyd yn America'. Dyma'r diwrnod pan gafodd dros 5,000 o bobl – dinasyddion America'n bennaf – eu lladd neu'u hanafu mewn ffordd erchyll wrth fyw eu bywydau'n heddychlon. Dyma'r weithred derfysgol unigol waethaf erioed, a'r ymosodiad mawr cyntaf gan derfysgwyr ar dir America.

Mae Americanwyr wedi hoffi chwifio eu baner erioed, ond gwnaeth Medi'r 11eg i lawer ohonyn nhw ystyried sut roedd pobl eraill yn gweld eu gwlad, efallai am y tro cyntaf.

Roedd rhai o'r bobl a laddwyd yn deithwyr mewn awyrennau a gafodd eu herwgipio gan derfysgwyr cyn eu hedfan yn fwriadol i mewn i'w gwahanol dargedau. Heddlu, criwiau ambiwlans a dynion tân oedd y gweddill, pobl oedd wedi rhuthro draw i helpu i achub bywydau a dod yn rhan o'r drychineb pan ddymchwelodd tyrau Canolfan Masnach y Byd i'r ddaear. Ond staff swyddfa oedd y rhan fwyaf, o uwch swyddogion i glercod a glanhawyr. Roedden nhw'n gweithio yn y Pentagon, pencadlys Adran Amddiffyn America ar gyrion Washington DC,

ac i nifer o gwmnïau adnabyddus oedd yn llogi swyddfeydd yng Nghanolfan Masnach y Byd – dau dŵr tal a thenau oedd yn codi fry uwchben yr ardal fusnes ac yn nodwedd amlwg ar Efrog Newydd, dinas fasnachol bwysicaf America.

Syfrdanwyd y byd i gyd o weld cymaint o bobl ddiniwed yn colli eu bywydau. Gwyliodd miliynau mewn arswyd ac anghrediniaeth wrth i'r trychineb ddigwydd o flaen eu llygaid, yn fyw ar y teledu. Aeth miliynau o bobl eraill ar y Rhyngrwyd hefyd, i ddilyn y digwyddiadau. Doedd neb yn gallu cynnig help ond roedden nhw'n methu diffodd

Ar ôl yr ymosodiad, defnyddiodd America ei holl arfau soffistigedig, fel yr awyren fomio 'Stealth' B-2 hon, i ddod o hyd i'r rhai oedd yn gyfrifol am y digwyddiad erchyll yn eu barn nhw, ac ymosod arnyn nhw.

eu sgriniau. I ddechrau, allai pobl ddim credu'r hyn roedden nhw'n ei weld, ond yna daeth y gwirionedd ofnadwy yn amlwg. Nid ffilm am drychineb oedd hon, gydag effeithiau arbennig wedi'u creu ar gyfrifiadur. Roedd hyn yn digwydd go iawn, ac roedd yn erchyll. Ond pwy oedd wedi'i achosi a pham?

Creodd digwyddiadau Medi'r 11eg ymdeimlad newydd o ofn, dryswch ac ansicrwydd yn America – gwlad nad oedd yn gyfarwydd â byw gydag ofn ymosodiadau

terfysgol. Ar ben hyn daeth ymosodiadau eraill – pecynnau sinistr oedd yn cynnwys sborau anthracs, y germ marwol – gan ychwanegu at y pryder. Ond nid trychineb i America'n unig oedd hwn – lladdwyd pobl o sawl gwlad yn yr ymosodiadau. Effeithiodd ar nifer o wledydd eraill hefyd, a newid perthynas gwledydd â'i gilydd am byth. Newidiodd y ffordd roedd Americanwyr yn gweld eu hunain, eu gwlad a'r byd, ac arweiniodd at ran newydd, fwy pendant i America ei chwarae yng ngwleidyddiaeth y byd.

Dyn tân yn Efrog Newydd wedi ymlâdd yn llwyr ac yn ystyried digwyddiadau 11 Medi, 2001.

Kofi Annan oedd arweinydd y Cenhedloedd Unedig yn 2003, pan oedd yn y canol rhwng dwy garfan o wledydd adeg rhyfel Iraq.

Pan oedd UDA yn credu eu bod wedi disodli'r Taliban yn Afghanistan, trodd eu sylw at Iraq, o dan arweiniad Saddam Hussein. Roedd rhai Americanwyr o'r farn y gallai fod wedi chwarae rhan yn ymosodiadau Medi'r 11eg.

Eu nod oedd chwilio am y bobl yr oedden nhw'n credu oedd yn gyfrifol am y trychineb.

Canolbwyntiwyd y sylw ar y Dwyrain Canol, rhanbarth rhwng Affrica ac Asia. Yma, doedd llawer o bobl ddim yn hapus am eu bod yn credu bod America'n ymyrryd â'r rhanbarth ac yn ymddangos fel petai'n cefnogi Israel, gwlad roedd llawer o bobl o'r farn ei bod yn mynd ati'n fwriadol i atal sefydlu gwladwriaeth Palestina. Daeth rhai o'r bobl grac hyn at ei gilydd i ffurfio grwpiau terfysgol, rhai'n seiliedig ar ddehongli Islam, eu crefydd, mewn ffordd eithafol. I ddechrau, ar dargedau yn y Dwyrain Canol yn unig roedden nhw'n ymosod, ond dros y 30 mlynedd diwethaf, mae'r targedau hyn wedi lledu dros y byd, wrth i'r eithafwyr geisio cael mwy o sylw i'w hachos.

Yn ogystal, achosodd ymosodiadau terfysgol Medi'r 11eg i bobl drafod a dadlau ymhell y tu hwnt i ffiniau America. Pwy wnaeth y pethau erchyll hyn? Pam digwyddon nhw? Wrth i genhedloedd heddychlon dros y byd chwilio am derfysgwyr i'w beio, gwnaeth llywodraethau gynghreiriaid newydd a throi yn erbyn hen ffrindiau. Roedd grwpiau ac arweinwyr oedd wedi cael arian a chefnogaeth UDA dros y blynyddoedd yn cael eu gweld fel gelynion ac yn cael eu dal yn gyfrifol am ymosodiadau Medi'r 11eg. Roedd y rhain yn cynnwys Osama bin Laden, roedd UDA wedi ei gefnogi yn ei frwydr yn erbyn yr Undeb Sofietaidd; a Saddam Hussein, arweinydd Iraq, roedd UDA wedi ei gefnogi yn ei ryfel yn erbyn Iran. Teimlai America fod cyfiawnhad dros ymosod ar y grwpiau hyn a'r bobl oedd yn eu cefnogi – gan gynnwys llywodraethau gwledydd eraill – yn enw diogelwch y byd. Cafodd y Cenhedloedd Unedig ei hun yng nghanol y tensiwn cynyddol hwn. Dros 50 mlynedd, roedd y corff rhyngwladol hwn y mae ei bencadlys yn Efrog Newydd wedi bod yn gyfrifol am ofalu bod heddwch ledled y byd. Nawr roedd yn y canol rhwng galwadau gan UDA a'i gynghreiriaid i gymryd camau yn erbyn y gwledydd oedd yn gyfrifol, a gwledydd eraill a deimlai fod UDA yn torri cyfraith ryngwladol wrth chwilio am derfysgwyr a'r rhai yr oedden nhw'n credu eu bod nhw'n bygwth diogelwch y byd. Gyda'r rhyfeloedd yn

Afghanistan ac Iraq, daeth hi'n amlwg fod pethau wedi newid, ac nad oedd UDA yn barod i eistedd yn ôl a disgwyl am ymosodiad terfysgol arall tra byddai'r gymuned ryngwladol yn trafod beth i'w wneud nesaf.

Osama bin Laden, pennaeth al-Qaeda – y dyn y mae pobl yn credu iddo gynllunio'r ymosodiadau terfysgol ar Ganolfan Masnach y Byd.

Does dim byd yn dangos yn well na Coca-Cola sut mae dylanwad masnachol America wedi ymledu dros y byd. Mae'r cynnyrch Americanaidd hwn yn cael ei yfed dros y byd i gyd. Mae ei logo wedi'i gyfieithu i nifer o ieithoedd a gwyddorau (isod).

Am bron i 50 mlynedd ar ôl diwedd yr Ail Ryfel Byd, roedd dwy genedl fwyaf pwerus y byd, UDA a'r Undeb Sofietaidd, yn elynion. Roedd ffordd o fyw wahanol a delfrydau gwleidyddol gwahanol ganddyn nhw – gwladwriaeth gomiwnyddol oedd yr Undeb Sofietaidd; democratiaeth y farchnad rydd oedd America. Doedd y ddau bŵer mawr ddim yn ymddiried yn ei gilydd nac yn deall ei gilydd, ac roedd eu harweinwyr yn dadlau'n gyhoeddus. Aeth y ddau bŵer ati i ddenu gwladwriaethau llai i gefnogi eu hachos, ac roedd y ddau eisiau lledaenu eu dylanwad o gwmpas y byd. Er nad ymladdodd UDA a'r Undeb Sofietaidd wyneb yn wyneb, roedd y tensiwn rhyngddyn nhw'n gryf iawn. 'Y Rhyfel Oer' yw'r enw ar y cyfnod hwn.

Yn unig – ac yn bwerus

Yn y 1950au, casglodd UDA a'r Undeb Sofietaidd stociau anferth o arfau niwclear mewn ras arfau. Ond erbyn y 1980au, roedd economi'r Undeb Sofietaidd mor wan fel nad oedd y wlad yn gallu fforddio aros yn y ras. Roedd pobl yn blino ar gomiwnyddiaeth yn yr Undeb Sofietaidd a Dwyrain Ewrop, ac erbyn diwedd y degawd, roedd nifer o wledydd wedi cael gwared ar eu harweinwyr comiwnyddol. Yna, ym mis Rhagfyr 1991, daeth y llywodraeth gomiwnyddol yn yr Undeb Sofietaidd i ben a chwalodd yr Undeb. Felly UDA oedd yr unig bŵer mawr oedd ar ôl.

O cola i gyfrifiaduron

Mae gan Americanwyr un o'r safonau byw uchaf yn y byd. Am y rhan fwyaf o'r 1990au, roedd economi America'n gwneud yn dda. Roedd galw am gynnyrch Americanaidd – o ddiodydd cola, byrgyrs a sglodion i operâu sebon a rhaglenni teledu – dros y byd i gyd, o Awstralia i Zimbabwe. Llwyddodd technoleg Americanaidd – yn enwedig meddalwedd gyfrifiadurol a'r Rhyngrwyd – i chwyldroi cyfathrebu byd-eang, a dylanwadu ar arddull a chynnwys cyfryngau newyddion ac adloniant ym mhobman, fwy neu lai.

CYFALAFIAETH

System economaidd 'y farchnad rydd' yw cyfalafiaeth, lle mae unigolion preifat neu gorfforaethau'n berchen ar y modd o gynhyrchu cyfoeth, fel ffatrïoedd a siopau. Mewn system o'r fath, gall unrhyw un sefydlu busnes – os oes arian ganddyn nhw – a dod yn gyfoethog os yw'n gwneud elw. Gall busnesau gystadlu â'i gilydd yn rhydd, a chymharol ychydig o reolau sydd i reoli eu hymddygiad neu warchod prynwyr. Mewn economïau masnach rydd, mae trethi'n aml yn isel, ac mae rheolau'r wladwriaeth a'r budd-daliadau lles mor isel ag sy'n bosib. Ond mae risgiau mawr i unrhyw un sy'n dechrau busnes. Os ydyn nhw'n methu, gallen nhw golli eu cartref a gallai eu teulu fynd heb fwyd. Ond os ydyn nhw'n llwyddo, gallen nhw ddod yn gyfoethog iawn.

Cymryd drosodd?

Roedd llawer o bobl, mewn nifer o wledydd, yn edmygu egni a menter America. UDA oedd gwlad gyfoethocaf a mwyaf pwerus y byd, ond wrth i dechnoleg a diwylliant America ledaenu, ac oherwydd ei llais cryf mewn materion rhyngwladol, credai llawer o bobl mewn gwledydd eraill fod UDA wedi mynd yn rhy bwerus, yn haerllug ac yn diystyru pryderon gweddill y byd. Gwyliodd rhai pobl yn siomedig wrth i

gynnyrch, ffilmiau, gêmau, ffasiynau a bwydydd o unig bŵer mawr y byd ledaenu dros y byd. Credent fod diwylliannau a thraddodiadau lleol yn cael eu gwasgu allan. Gwnaeth hyn i lawer o bobl fod yn grac ac yn ansicr. Roedd rhai eisiau gwrthryfela yn erbyn gwerthoedd Americanaidd gan gredu eu bod yn cael eu gwthio arnyn nhw.

Mae Americanwyr wedi bod yn ffyrnig o wlatgarol erioed (ar y chwith).

Oherwydd digwyddiadau Medi'r 11eg, cafodd yr Arlywydd George W. Bush ei orfodi i ymwneud yn fwy â digwyddiadau'r byd.

'Tynged America yw'r hyn y breuddwydiodd ein tadau amdani, gwlad y rhyddion, a chartref y dewrion; ond y dewrion yn unig all fod yn rhydd. Mae gwyddoniaeth wedi gwneud i'r freuddwyd fod yn realiti heddiw i'r byd i gyd os oes gennym ddewrder a gweledigaeth i'w hadeiladu hi. Rhaid i ddemocratiaeth America ddarparu peirianwyr digonedd y byd – adeiladwyr heddwch a rhyddid rhyngwladol.'

Marian Le Sueur (1877–1954)

Wall Street (uchod) yw canolfan ariannol UDA. Mae cyfranddaliadau mewn corfforaethau'n cael eu prynu a'u gwerthu yma yng Nghyfnewidfa Stoc Efrog Newydd, 'pwerdy' cyfoeth a grym masnachol America.

PEDWAR *rhyddid*

Yn 1941, cyhoeddodd Franklin D Roosevelt, Arlywydd America, y dylai fod gan y ddynoliaeth gyfan hawl i 'Bedwar Rhyddid', yr oedd dinasyddion UDA eisoes yn eu mwynhau. Y rhain oedd:

- *rhyddid i lefaru;*
- *rhyddid i addoli;*
- *rhyddid mynegiant;*
- *rhyddid rhag angen ac ofn.*

Mae arian yn siarad!

UDA yw'r economi mwyaf pwerus yn y byd, ac mae hefyd yn gartref i nifer o gwmnïau rhyngwladol, fel McDonald's a Coca Cola, sy'n gwerthu eu cynnyrch ac yn ehangu eu gweithgareddau ledled y byd. Mae'r cwmnïau hyn yn manteisio ar system y farchnad, gan deimlo'n rhydd i gynhyrchu nwyddau mor rhad ag sy'n bosibl – er enghraifft, drwy leoli eu ffatrïoedd mewn gwledydd lle mae cyflogau'n isel, a gwerthu eu cynnyrch am brisiau uchel mewn gwledydd cyfoethog. Hyrwyddodd llywodraethau America sefydliadau newydd, fel Sefydliad Masnach y Byd, a anogodd dwf masnach rydd dros y byd. Arweiniodd hyn at ddadlau chwerw. Mae cefnogwyr masnach rydd yn honni ei bod yn helpu gwledydd tlawd i ddatblygu eu heconomïau, creu swyddi a gwella safonau byw. Ond mae eraill yn dadlau bod y system hon yn ymelwa ar y gwledydd tlawd hynny ac yn cymryd mantais ar eu gwendid. Dywedant fod y system yn eu gorfodi i fabwysiadu credoau a gwerthoedd materol gwledydd cyfoethog.

Rhyddid crefyddol

Yn ogystal â chefnogi masnach rydd, cyhoeddodd America fathau eraill o ryddid, y credai y dylai pawb eu mwynhau. Mae'r rhain yn cynnwys rhyddid i lefaru – hawl i fynegi barn heb ofni cosb – a hefyd rhyddid crefyddol. Er bod llawer o Americanwyr yn grefyddol iawn, gwladwriaeth seciwlar (heb fod yn grefyddol) yw UDA yn ôl y gyfraith. Roedd Cyfansoddiad UDA yn sicrhau'r hawl i berson fod ag unrhyw ffydd grefyddol – neu ddim un. Sylfaenwyr UDA a luniodd y datganiad enwog hwn o reolau'r wlad yn 1787.

Y Ffordd Americanaidd

Er bod Americanwyr yn aml yn beirniadu eu llywodraeth leol a chenedlaethol, credai'r rhan fwyaf fod y rhyddid hwn yn gwneud i'r wlad fod yr orau yn y byd. Roedd y miliynau o fewnfudwyr a ddaeth i America yn y 19eg a'r 20fed ganrif i gael gwell dyfodol yn dilyn 'y ffordd Americanaidd o fyw' yn llawn balchder. Roedd Americanwyr yn parchu sefydliadau democrataidd fel Tŷ'r Cynrychiolwyr a'r Senedd, roedden nhw'n cynnal cyfraith a threfn, yn edmygu cryfder economaidd a grym milwrol eu cenedl, ac yn parchu symbolau cenedlaethol fel baner America.

Anghymeradwyo

Roedd llawer o bobl yng Ngorllewin Ewrop, a phobl mewn gwledydd a fu o dan reolaeth gomiwnyddol hefyd yn rhannu delfrydau America, sef rhyddid a democratiaeth. Ond nid oedd y delfrydau hyn yn plesio pawb. Roedd rhai cenhedloedd pwerus, fel China, yn edmygu'r rhyddid economaidd ond ddim yn cefnogi'r un lefel o ryddid. Ac roedd nifer o genhedloedd Mwslimaidd, fel Saudi Arabia ac Iran, yn ofni y gallai arferion y gorllewin fod yn beryglus a llygru eu cymdeithasau. Erbyn diwedd yr 20fed ganrif, dechreuodd yr atgasedd tuag at gymdeithas y gorllewin mewn sawl rhan o'r byd Mwslimaidd gymysgu â hen densiynau crefyddol a gwleidyddol i greu cymysgedd ffrwydrol o ofn a ddiffyg ymddiriedaeth.

'Mae'r Gorllewinwyr wedi colli'r weledigaeth o'r nefoedd,

Y cyfan maen nhw'n poeni amdano yw bwyd ac eiddo,

Ond nid yw'r enaid pur wedi'i gyffwrdd gan drachwant a gwanc.

Anghenion corfforol yn unig sy'n bwysig i gomiwnyddiaeth…

Mae'n seiliedig ar gydraddoldeb trachwant…

Ond i'r galon mae gwir frawdgarwch yn perthyn,

Nid oes angen pethau materol arno.

Mae cyfalafiaeth hefyd yn trachwantu am nwyddau,

Nid oes ganddi galon nac enaid…'

O 'Javidnama' a ysgrifennwyd gan Muhammad Iqbal, bardd Mwslemaidd, yn 1932.

Mae Cerflun Rhyddid/Statue of Liberty (ar y chwith) yn sefyll yn falch o flaen Dinas Efrog Newydd, UDA. Mae'n symbol pwerus o ryddid a democratiaeth America.

LIBANUS

UCHELDERAU GOLAN

SYRIA

Y MÔR CANOLDIR

Y LAN ORLLEWINOL

Y MÔR MARW

LLAIN GAZA

GWLAD IORDDONEN

ISRAEL

YR AIFFT

Map o Israel, yn dangos tiriogaeth y Lan Orllewinol sy'n bwnc llosg.

Y Dwyrain Canol

Mae un rhan o'r Dwyrain Canol yn aml yn cael ei galw'n 'Y Wlad Sanctaidd'. Heddiw, mae wedi'i rhannu rhwng Syria, Israel, Gwlad Iorddonen a thiriogaethau Palestina sy'n bwnc llosg. Mae'r Wlad Sanctaidd yn gysegredig i bobl o dair ffydd fawr yn y byd – Iddewiaeth, Cristnogaeth ac Islam. Mae Jerwsalem, y ddinas bwysicaf, yn cynnwys safleoedd sanctaidd y mae pererinion o bob un o'r tair ffydd yn ymweld â nhw.

Gwlad yr Addewid

I'r Iddewon, y Wlad Sanctaidd yw'r man lle daeth eu cyndadau i fyw ar ôl i Moses eu harwain allan o'r Aifft tua 1,200 CC. Credant fod Duw wedi addo'r wlad iddyn nhw. I Gristnogion, mae'r Wlad Sanctaidd yn gysegredig oherwydd bod Iesu Grist wedi byw a phregethu yno. Credant iddo godi o farw'n fyw, ar ôl iddo gael ei ddienyddio tua 30 OC.

Negesydd olaf Duw

Mae Mwslimiaid yn anrhydeddu Moses ac Iesu Grist fel proffwydi – negeseuwyr a anfonodd Duw i ddangos i bobl sut roedd byw. Ond credant mai'r Proffwyd Muhammad, a fu'n byw rhwng 570 – 632 OC oedd negesydd mwyaf Duw – a'r un olaf hefyd. Fel yr Iddewon a'r Cristnogion, maen nhw'n parchu'r tir lle pregethai Moses ac Iesu Grist unwaith. Ond maen nhw'n teimlo parch arbennig tuag at ddinasoedd sanctaidd Arabaidd Mecca, lle treuliodd y Proffwyd Muhammad y rhan fwyaf o'i oes, a Medina, lle mae wedi'i gladdu. Maen nhw hefyd yn anrhydeddu mannau sanctaidd eraill mewn gwledydd cyfagos yn y Dwyrain Canol, gan gynnwys Iraq ac Iran.

CROMEN *y Graig*

Codwyd y man sanctaidd Mwslimaidd hwn yn Jerwsalem tua 691 OC. Mae Mwslimiaid yn credu i'r Proffwyd Muhammad wneud taith wyrthiol i'r nefoedd o'r creigiau yma, a dychwelyd i ddysgu pobl sut roedd gweddïo. Cysegr Aruchel yw enw'r Mwslimiaid ar y safle lle mae'r gromen, ond mae hefyd yn sanctaidd i'r Iddewon, sy'n ei alw yn Mynydd y Deml. Credant mai dyma lle rhoddodd Duw orchymyn i Abraham aberthu Isaac, ei fab. Hefyd dyma'r man lle cododd Solomon, y Brenin Iddewig, y deml fawr Iddewig gyntaf i addoli Duw.

Dadlau dros diriogaeth

Mae dadlau wedi bod erioed dros diriogaeth y Wlad Sanctaidd. Yn yr hen amser, roedd yn gartref i nifer o bobl oedd yn rhyfela â'i gilydd, gan gynnwys yr Iddewon, y Philistiaid a'r Samariaid. Daeth y Rhufeiniaid i'w choncro yn 6 OC a'r Mwslimiaid yn 634 OC. Roedd milwyr Cristnogol yn ei rheoli o 1098 tan 1197 yn ystod y Croesgadau. Ar ôl i fyddinoedd Mwslimaidd ei chipio, daeth yn rhan o'r Ymerodraeth Otomanaidd Fwslimaidd yn 1516 ac arhosodd o dan reolaeth Twrci, ynghyd â'r rhan fwyaf o Arabia ac Iraq, tan 1917. Y flwyddyn honno, dymchwelodd grym yr Ymerodraeth Otomanaidd ar ôl cael ei threchu yn y Rhyfel Byd Cyntaf. Ers hynny, mae terfysg neu ryfel wedi bod yn bygwth sawl rhan o'r Dwyrain Canol, gan gynnwys y Wlad Sanctaidd, yn barhaus.

Tywod ac olew

Yn ogystal â bod yn sanctaidd, mae gwledydd y Dwyrain Canol yn rhyfeddol mewn ffordd arall. Ddiwedd y 19eg ganrif a dechrau'r 20fed ganrif, darganfu daearegwyr fod cronfeydd helaeth o olew gwerthfawr yn y creigiau sy'n ddwfn o dan bridd caregog y diffeithwch. Mae bron i hanner holl olew'r byd yn berchen i Iran, Iraq, Saudi Arabia, Kuwait a'r gwledydd cyfagos llai. Rhoddodd cyfoeth newydd yr olew bŵer mawr i wledydd y Dwyrain Canol – ond hefyd daethon nhw'n darged posibl.

Mae'r burfa hon yn Saudi Arabia (ar y chwith) yn prosesu olew o Gwlff Persia. Mae cyfoeth o olew wedi gweddnewid ardal oedd yn arfer bod yn dlawd iawn yn rhanbarth o deyrnasoedd cyfoethog, uwch-dechnolegol.

AUR *du*

Mae olew yn nwydd eithriadol o werthfawr. Mae llawer o bobl yn ei alw yn 'aur du'. Mae olew'n cael ei ystyried yn ffynhonnell egni anadnewyddadwy, felly pan fyddwn wedi defnyddio'r cyflenwadau sydd ar gael nawr, fydd pobl ddim yn gallu creu rhagor. Petai cyflenwadau olew'n cael eu torri, byddai bywyd beunyddiol ym mhob gwlad wedi'i diwydianeiddio yn amhosibl. Mae ceir, awyrennau, trenau, systemau gwresogi a nifer o beiriannau eraill yn dibynnu ar danwydd sy'n dod o olew. Mae llawer o blastigion, glanedyddion, cosmetigau, lliwiau, cyflasynnau bwyd ac ireidiau wedi'u gwneud o olew hefyd.

Annibyniaeth

Yn 1920, ar ôl i'r Ymerodraeth Otomanaidd ddymchwel, rhoddodd corff o'r enw Cynghrair y Cenhedloedd awdurdod arbennig i Brydain a Ffrainc lywodraethu ardaloedd mawr o'r Dwyrain Canol. Ond mynnodd llawer o bobl y rhanbarth yr hawl i fod yn genhedloedd annibynnol er mwyn llywodraethu eu hunain a gwneud eu cyfreithiau eu hunain. Mewn nifer o'r gwledydd newydd, roedd y cyfreithiau hyn yn seiliedig ar grefydd.

Mujahedin (ymladdwr Mwslimaidd) o Afghanistan yn amddiffyn ei ffydd ar ôl i'r Undeb Sofietaidd oresgyn ei wlad yn 1979 (isod).

Saudi Arabia

Yn Arabia, er enghraifft, roedd Abd al-Aziz Ibn Saud (1880-1953) yn arwain yr alwad am annibyniaeth. Cefnogodd fudiad diwygio crefyddol llym Wahhabi, a geisiai buro Islam. Gyda help brawdoliaethau Wahhabi, helpodd i wneud Arabia yn wladwriaeth annibynnol yn 1932. Daeth Ibn Saud yn frenin, a chyhoeddodd y dylai Arabia gael ei rheoli yn ôl shariyah (cyfraith sanctaidd Fwslimaidd, wedi'i seilio ar y Qur'an, llyfr sanctaidd y Mwslimiaid), a gan ordinhad brenhinol. Hefyd, ailenwodd y wladwriaeth ar ôl ei deulu. Wedi i olew gael ei ddarganfod yn Saudi Arabia yn 1938, daeth Ibn Saud hyd yn oed yn fwy pwerus.

Iraq ac Iran

Yn Iraq ac Iran gerllaw, lle roedd cyfoeth o olew hefyd, llwyddodd ymgyrchwyr i gael annibyniaeth yn 1921 a 1925. Ond am flynyddoedd wedyn, bu llywodraethau Ewrop ac yna America, yn ymyrryd yng ngwleidyddiaeth y rhanbarth hon, gan gefnogi rhai arweinwyr a gweithio i wanhau arweinwyr eraill. Doedd cwmnïau olew'r Gorllewin ddim eisiau colli rheolaeth ar olew a phurfeydd proffidiol, ac roedd llywodraethau'r Gorllewin eisiau atal cenhedloedd pwerus eraill rhag cymryd rheolaeth ar olew'r Dwyrain Canol. Yn 1979, cipiodd arweinwyr Mwslimaidd gwrthorllewinol rym yn Iran, gan ddechrau 'Chwyldro Islamaidd' caeth.

Israel

Yn ogystal, mynnodd yr Iddewon gael eu mamwlad eu hunain. Cynhaliwyd y Gyngres Seionaidd Gyntaf (cyfarfod rhyngwladol o ymgyrchwyr Iddewig) yn 1897. Yn 1917, cyhoeddodd Arthur Balfour, Ysgrifennydd Tramor Prydain, ddatganiad a oedd yn cefnogi gwladwriaeth Iddewig newydd ym Mhalestina, ond i 'ddim byd gael ei wneud a

y **CROESGADAU**

Cyfres o saith rhyfel oedd y Croesgadau a ymladdwyd i gael rheolaeth ar y Wlad Sanctaidd rhwng yr 11eg a'r 14eg ganrif. Roedd croesgadwyr (marchogion a milwyr traed) wedi'u hysbrydoli gan bregethwyr a ofnai y byddai Islam yn symud i'r gorllewin, i Ewrop. Ymladdodd milwyr o sawl gwlad Fwslimaidd, o Dwrci i'r Aifft, i amddiffyn eu ffydd Islamaidd a'u ffordd o fyw a'u cyfreithiau Mwslimaidd. Roedd yr ymladd yn greulon a gwnaeth y ddwy ochr nifer o bethau erchyll. Achosodd y Croesgadau lawer o chwerwder a chamddealltwriaeth sy'n dal i barhau hyd heddiw.

ISLAM *Bur*

Credai Muhammad Ibn Abd al-Wahhab (m. 1791), diwygiwr crefyddol Arabaidd, fod llawer o arferion Mwslimaidd oedd wedi'u mabwysiadu a'u hychwanegu dros y blynyddoedd, fel anrhydeddu seintiau mewn cysegrau, yn niweidiol i Islam. Hefyd condemniodd syniadau a gwerthoedd gorllewinol. Galwodd ar bobl i droi'n ôl at gred ac addoli Mwslimaidd 'pur' a chaeth, a oedd yn canolbwyntio ar 'tawhid' – undod Duw. Helpodd syniadau Wahhabi i sefydlu Teyrnas Saudi Arabia, ac maen nhw'n dal i lywio polisïau ei llywodraeth heddiw.

allai niweidio arferion sifil a chrefyddol y cymunedau presennol nad ydynt yn rhai Iddewig'. Erbyn 1939, roedd hanner miliwn o Iddewon wedi ymgartrefu ym Mhalestina, ac roedd tensiynau difrifol rhwng Arabiaid (Cristnogion a Mwslimiaid) ac Iddewon. Yn 1947, cyhoeddodd y Cenhedloedd Unedig y dylid rhannu Palestina yn wladwriaethau Iddewig ac Arabaidd, a ganwyd cenedl Israel. Roedd ganddi gyfansoddiad seciwlar tebyg i gyfansoddiad gorllewinol, ond roedd cyfreithiau a thraddodiadau crefyddol Iddewig yn bwysig wrth lunio bywydau ei dinasyddion.

Rhyfel a Chyfraith

Mae cyfreithiau crefyddol wedi plesio nifer o ddinasyddion mewn gwledydd Iddewig, Cristnogol a Mwslimaidd ledled y byd. Ond pan fydd dwy wlad gyfagos yn rhyfela, mae cyfreithiau crefyddol yn gallu gwneud i wrthdaro fod yn waeth. O gyfnod y Croesgadau ymlaen, mae milwyr o wahanol ffydd wedi cyfiawnhau nifer o erchyllterau yn y Dwyrain Canol drwy honni eu bod yn ymladd 'rhyfel sanctaidd'. Gan fod y ddwy ochr yn credu bod Duw yn bendithio'u hachos, teimlent fod ganddynt rwydd hynt i ddangos eu hatgasedd, eu rhagfarn a'u diffyg goddefgarwch tuag at bobl eraill o ffydd neu hil wahanol.

Mwslimiaid radical yn Pakistan yn cario delweddau o'u harwr Osama bin Laden ar ôl ymosodiadau Medi'r 11eg (uchod). Roedd yn rhaid i lywodraeth Pakistan symud yn ofalus rhwng ei chynghreiriaid a'i buddiannau yn y Gorllewin, a'i dinasyddion oedd yn Fwslimiaid ffwndamentalaidd.

15

Mae hanes hir i derfysgaeth. Cafodd y gair 'terrorisme' ei ddefnyddio gyntaf yn 1793, yn ystod cyfnod o'r Chwyldro Ffrengig a gafodd ei alw'n 'La Terreur'. Y pryd hwnnw, defnyddiai gweriniaethwyr eithafol gilotinau i ladd brenin a brenhines Ffrainc, yn ogystal â miloedd o aelodau o bendefigion Ffrainc a phobl oedd yn cael eu hamau o gydymdeimlo â nhw. Ers hynny, mae ymosodiadau terfysgol wedi digwydd mewn sawl rhan o'r byd. Mae'r tactegau nodweddiadol yn cynnwys llofruddio, cymryd gwystlon, herwgipio, a lladd llawer iawn o bobl.

Mae pobl llwyth Kikuyu yn Kenya (uchod) bob amser wedi bod ymhlith y bobl dlotaf yn y wlad. Yn y 1950au, lansiodd mudiad Mau Mau, oedd yn cynnwys aelodau eithafol o'r llwyth, gyfres o ymosodiadau i geisio gorfodi'r Ewropeaid allan o Kenya.

Bomiau a bwledi

Yn Rwsia yn ystod y 1870au a'r 1880au, taflodd grwpiau radical o'r enw 'Narodnaya Volya' ('Ewyllys y Bobl') fomiau ar aelodau o lywodraeth Rwsia, a saethu Tsar Alexander II, brenin Rwsia, yn farw yn 1881. Eu gobaith oedd, ar ôl dymchwel yr arweinwyr atgas, y byddai'r bobl gyffredin yn gwrthryfela ac yn creu gwladwriaeth gomiwnyddol newydd.

Ymosodiadau sydyn

Yn Kenya yn y 1950au, ffurfiwyd mudiad cudd Mau Mau gan aelodau radical o lwyth Kikuyu i ymladd yn erbyn yr Ewropeaid oedd wedi ymsefydlu yn eu gwlad. Ymosodon nhw liw nos ar ffermydd a phentrefi pellennig. Yn ddiweddarach, aeth y Mau Mau yn fudiad gwrth-Gristnogol yn ogystal â gwrth-Ewropeaidd, ac yn dreisgar iawn. Lladdon nhw 50 o bobl wyn, a mwy na 11,000 o Affricanwyr. O ganlyniad i weithgareddau'r Mau Mau, gadawodd llawer o Ewropeaid Kenya pan ddaeth y wlad yn annibynnol ar Brydain yn 1963.

PWY *sy'n derfysgwr?*

Dywed rhai arbenigwyr mai terfysgwr neu frawychwr yw unrhyw un sy'n codi braw i gael yr hyn maen nhw eisiau, hyd yn oed os oes ganddyn nhw resymau da i gyfiawnhau'r hyn maen nhw'n ei wneud. Mae arbenigwyr eraill yn dadlau bod pobl sydd fel arfer yn ymgyrchu drwy ddulliau heddychlon a chyfreithlon weithiau'n gallu defnyddio braw i ymladd dros eu hawliau neu i'w hamddiffyn eu hunain rhag gelynion pwerus. Mae eu hymddygiad yn ofnadwy ac yn frawychus, ond dydy hynny ddim yn eu gwneud nhw'n frawychwyr neu'n derfysgwyr.

Hunanfomwyr

Yn Sri Lanka yn ystod y 1970au, protestiodd aelodau o'r lleiafrif ethnig Tamil yn erbyn y ffordd roedd y mwyafrif Sinhalaidd yn eu trin, a mynnu mamwlad annibynnol Tamil yng ngogledd Sri Lanka. Er bod rhai wedi gweithio'n dawel, sefydlodd eraill wersylloedd i hyfforddi terfysgwyr, neu 'Teigrod Tamil'. Anfonwyd hunanfomwyr i fysiau, trenau, siopau a marchnadoedd. Eu nod oedd lladd y nifer fwyaf o bobl, gan gynnwys menywod a phlant.
Achosodd y dacteg hon fraw mawr.

Herwgipio

Yn y Dwyrain Canol yn y 1970au, herwgipiodd terfysgwyr Palestina nifer o awyrennau mawr. Byddai'r teithwyr yn cael mynd yn rhydd, yn ddianaf, yna bydden nhw'n ffrwydro'r awyrennau ar y llawr. Eu nod oedd cael y cyhoeddusrwydd mwyaf posibl i'w hachos – gan ddod â meddiannaeth Israel ar y Lan Orllewinol i ben, a sefydlu gwladwriaeth annibynnol i Balestina. Yn 1976, sefydlodd arweinydd Mwslimaidd o'r enw Sheikh Yassin Ahmad fudiad gwrthryfela Palestinaidd, sef Hamas. Doedd y mudiad ddim yn filwriaethus i ddechrau, ond cyn hir dechreuodd ddefnyddio mwy a mwy o ddulliau treisgar, gan gynnwys hunanfomio a llofruddio.

> 'Mae miliynau o blant diniwed yn cael eu lladd wrth i mi siarad. Maen nhw'n cael eu lladd yn Iraq heb gyflawni unrhyw bechodau . . . Y dyddiau hyn, mae tanciau Israel yn bla ym Mhalestina . . . a dydyn ni ddim yn clywed neb yn codi llais na chodi bys.'
>
> **Sylw gan Osama bin Laden, cyn yr ymosodiadau terfysgol yn UDA.**

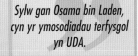

Gwlad y Basg

Portiwgal

Sbaen

Mae'r map hwn (uchod) yn dangos Gwlad y Basg. Mae rhannau ohoni yn Ffrainc a Sbaen.

Derry

Belfast

Gogledd Iwerddon

Dulyn

Iwerddon

Corc

Mae'r map hwn (uchod) yn dangos sut mae Iwerddon wedi'i rhannu'n ogledd a de.

Tu allan i'r wladwriaeth!

Nid yw terfysgaeth fel rhyfela cyffredin. Nid yw terfysgwyr yn cael eu recriwtio, eu hyfforddi neu'u rheoli gan lywodraethau cyfreithlon. A dydyn nhw ddim yn dilyn y 'rheolau rhyfel' cyffredin y mae llywodraethau'n cytuno arnyn nhw i warchod dinasyddion diniwed, carcharorion rhyfel a thimau meddygol ar y ddwy ochr. Mae nifer o grwpiau terfysgol dros y byd i gyd heddiw.

Ymladd dros ryddid

Yn Sbaen yn y 1990au, recriwtiodd grŵp o'r enw ETA (mudiad Rhyddid Gwlad y Basg) aelodau o wlad y Basg sydd yng ngogledd Sbaen a de-orllewin Ffrainc. Mae gan y Basgwyr ddiwylliant unigryw ac maen nhw'n lleiafrif ethnig yn y ddwy wlad. Defnyddion nhw fomiau ceir a llofruddiaethau i godi braw mewn dinasoedd a threfi. Roedd ETA yn hawlio eu bod yn ymladd am ryddid, a'r hawl i gael gwladwriaeth ar wahân i'r Basgwyr. Dywedent fod yn rhaid defnyddio trais er mwyn i lywodraethau Sbaen a Ffrainc wrando ar eu gofynion.

Gelynion mawr

Yn Chechnya, rhanbarth yn ne-orllewin Ffederasiwn Rwsia, mynnodd gwrthryfelwyr gael annibyniaeth ar Rwsia yn ystod y 1990au. Doedd dim gobaith ennill rhyfel arferol yn erbyn y gelyn mawr hwn, ond sylweddolon nhw y gallen nhw gael effaith fawr gyda nifer bach o ymladdwyr ac arfau defnyddio tactegau terfysgwyr, sef tacteg sy'n cael ei galw'n rhyfela guerrilla. Po fwyaf mae'r Rwsiaid yn ymladd yn ôl, mwyaf penderfynol mae gwrthryfelwyr Chechnya — er bod hyn wedi achosi dioddefaint ofnadwy i'w pobl eu hunain.

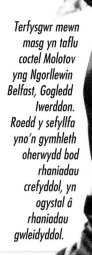

Terfysgwr mewn masg yn taflu coctel Molotov yng Ngorllewin Belfast, Gogledd Iwerddon. Roedd y sefyllfa yno'n gymhleth oherwydd bod rhaniadau crefyddol, yn ogystal â rhaniadau gwleidyddol.

Gobeithio am y Nefoedd

Ar y Lan Orllewinol Balestinaidd yn ystod y 1990au, roedd darpar hunanfomwyr yn teimlo'n ddiobaith ac yn hynod o grac. Fel nifer o wirfoddolwyr sy'n ymuno â mudiadau terfysgol, credent fod yn rhaid iddyn nhw 'wneud rhywbeth', gan aberthu eu bywydau a gobeithio ennill gwell dyfodol i'w pobl. Hefyd, credent y bydden nhw'n cael gwobr yn y nefoedd am eu gweithredoedd — er bod nifer o ysgolheigion Mwslimaidd yn dweud eu bod wedi camddeall syniadau crefyddol.

Ideoleg Yn ystod y 1980au a'r 1990au, mewn gwledydd mor bell oddi wrth ei gilydd â Peru a Nepal, lladdwyd cannoedd o heddlu, swyddogion llywodraeth, meddygon ac athrawon gan derfysgwyr Maoaidd. Roedd y dynion a'r menywod hyn yn dilyn athrawiaeth cyn-arweinydd comiwnyddol China, Mao Zedong, sy'n annog gweithwyr i gymryd rhan mewn 'chwyldro parhaol', lle bydd pob aelod o'r dosbarth sy'n rheoli'n cael ei ddisodli, a bydd pobl gyffredin yn rheoli'r holl bŵer gwleidyddol ac economaidd. Dilynodd y terfysgwyr enghraifft Mao ei hun, oedd yn greulon a llym iawn.

Brawychu Yn y 1990au, roedd dwy garfan yng Ngogledd Iwerddon oedd yn ymladd â'i gilydd, y Cenedlaetholwyr (Gweriniaethwyr Gwyddelig) a'r Teyrngarwyr (o blaid Prydain) ac roedd ganddyn nhw grwpiau arfog a mudiadau terfysgol. Roedden nhw'n aml yn ymosod ar aelodau o'u cymunedau eu hunain oedd yn gyfeillgar â phobl o gefndir 'y gelyn', neu a oedd yn gweithio i gael heddwch. Roedd y ddwy ochr yn honni bod yn rhaid gwneud hyn am resymau 'diogelwch'. Oherwydd eu bod yn gweithredu y tu hwnt i'r gyfraith, roedd nifer o derfysgwyr yn byw mewn ofn y bydden nhw'n cael eu bradychu.

Mae'r ymladd rhwng guerrillas a milwyr Rwsia yn Chechnya (uchod) wedi bod yn ffyrnig, gyda'r ddwy ochr yn gwneud pethau erchyll.

Felly roedden nhw'n defnyddio tactegau creulon i orfodi pobl i'w helpu nhw, neu i gadw'n dawel. Roedd llofruddiaethau dial a brwydrau gwaedlyd yn gyffredin.

Al-Qaeda Mae llawer o fudiadau terfysgol peryglus a phenderfynol yn y Dwyrain Canol, yn cynnwys grŵp o'r enw 'al-Qaeda' (Y Ganolfan). Nod al-Qaeda, a sefydlwyd yn 1989 gan Osama bin Laden, miliwnydd o Saudi Arabia, yw uno'r holl Fwslimiaid a sefydlu llywodraeth Islamaidd fyd-eang. Heddiw, mae gan y mudiad aelodau lledled y byd sy'n cefnogi ei weithgareddau terfysgol.

HELP *troseddwyr*

Mae terfysgwyr yn aml yn gweithio gyda throseddwyr, er enghraifft yn Colombia yn Ne America. Mae'r un gelyn ganddyn nhw, sef llywodraeth gyfreithlon y wlad lle maen nhw'n byw – ac maen nhw'n defnyddio trais i gyrraedd eu nod. Mae troseddwyr yn cyflenwi arfau, bwledi a ffrwydron i derfysgwyr. Yn eu tro, mae terfysgwyr yn helpu troseddwyr i redeg busnesau anghyfreithlon, yn enwedig y fasnach broffidiol mewn cocên.

'Mae un dyn yn galw rhywun yn derfysgwr a dyn arall yn ei alw'n ymladdwr dros ryddid.'

Dywediad adnabyddus

OSAMA *bin Laden*

Ganwyd Osama bin Laden yn Saudi Arabia i deulu cyfoethog yn 1957. Yn ystod y 1980au, ymladdodd yn erbyn y goresgynwyr Sofietaidd yn Afghanistan – gyda chefnogaeth UDA. Ar ôl i'r milwyr Sofietaidd adael Afghanistan, dychwelodd i Saudi Arabia, lle ymgyrchodd yn erbyn llywodraeth y wlad ac yn erbyn presenoldeb tramorwyr tan iddo gael ei daflu allan yn 1991. Yn 1996, dychwelodd i Afghanistan lle roedd y Taliban, Mwslimiaid ffwndamentalaidd, mewn grym. Yno, defnyddiodd ei gyfoeth i recriwtio a hyfforddi terfysgwyr, ac i dalu am eu gweithredoedd terfysgol.

Dechreuodd Osama bin Laden (ar y dde) ei yrfa fel terfysgwr oherwydd dau fater oedd yn ei wylltio'n fwy nag unrhyw rai eraill. Y rhain oedd presenoldeb tramorwyr gorllewinol nad oedd yn Fwslimaidd yn Saudi Arabia, lle ganwyd y proffwyd Muhammad, a'r ffaith nad oedd y Gorllewin yn caniatáu i'r Palestiniaid gael mamwlad annibynnol.

Dicter Mwslimaidd

Ar ôl i Israel ddod yn wladwriaeth annibynnol yn 1948, roedd y Palestiniaid yn edrych ymlaen at gael eu mamwlad eu hunain. Ond roedd llywodraethau Israel yn gwrthod cytuno â hyn. Arweiniodd hyn at ryfel rhwng Israel a grwpiau o wledydd Arabaidd, gan gynnwys yr Aifft, Syria, Transjordan (Gwlad Iorddonen yn ddiweddarach), Libanus, Iraq a Saudi Arabia. Yn 1967, meddiannodd Israel ardal y Lan Orllewinol a Llain Gaza, lle roedd Arabiaid yn byw. Yn 1987, lansiodd terfysgwyr Palestinaidd intifada (gwrthryfel) aflwyddiannus er mwyn ceisio ennill y tir yn ôl. Cynigiodd Arabiaid yn nifer o wledydd y Dwyrain Canol a Mwslimiaid ledled y byd eu cefnogaeth i'r achos.

Ffwndamentaliaeth

Ar ôl i Israel gael ei chreu ac wrth weld diwylliant y Gorllewin yn tra-arglwyddiaethu, dechreuodd diwygwyr Mwslimaidd ddenu rhagor o gefnogwyr. Roedd llawer yn cydymdeimlo â'u neges radical, oedd yn galw am ddychwelyd at gredoau Islamaidd pur ac am shariyah (cyfraith sanctaidd Islam). Roedd rhai o'r cefnogwyr hyn yn casáu credoau seciwlar y Gorllewin. Cafodd eraill eu hysbrydoli gan Chwyldro Islamaidd Iran yn 1979, neu roedden nhw eisiau amddiffyn gwledydd Mwslimaidd rhag Israel, UDA neu'r Undeb Sofietaidd.

Jihad Mwslimaidd

Yn ystod y Rhyfel Oer, roedd UDA a'r Undeb Sofietaidd eisiau rheoli Afghanistan, gwlad dlawd heb ei datblygu. Yn 1979, goresgynnodd lluoedd Sofietaidd y wlad. Ymladdodd 'mujahedin' (ymladdwyr guerrilla Mwslimaidd) yn ôl yn ffyrnig yno, gan honni mai 'jihad' (rhyfel sanctaidd) oedd eu brwydr. Anfonodd Osama bin Laden wirfoddolwyr Mwslimaidd o nifer

JIHAD *yn erbyn America*

Yn 1998, gwnaeth al-Qaeda ddatganiad. Ynddo, honnodd yr aelodau eu bod yn cynrychioli 'y Ffrynt Islamaidd byd-eang dros Jihad yn erbyn Iddewon a Chroesgadwyr'. Honnon nhw mai 'dyletswydd pob Mwslim yw lladd dinasyddion UDA – yn sifiliaid neu'n filwyr – a'u cynghreiriaid ym mhobman'. Yn yr Arabeg, ystyr 'jihad' yw 'rhyfel sanctaidd'. Ond mae hefyd yn golygu brwydrau o fathau eraill, fel ymdrechu i fod yn dda, i weithio'n dda neu i fyw bywyd onest, defnyddiol.

Ymladdwr Afghanaidd yn barod i weithredu yn ystod ymgyrch America yn erbyn y Taliban yn Afghanistan, ym mis Tachwedd, 2001.

o wledydd, oedd wedi'u hyfforddi mewn tactegau terfysgaeth, i'w helpu nhw. Y grŵp terfysgol newydd hwn oedd y mudiad a ddaeth yn al-Qaeda. Yn eironig, cafodd bin Laden gefnogaeth UDA yn ei frwydr yn erbyn yr Undeb Sofietaidd.

Effaith Fwslimaidd

Cyn hir, dechreuodd aelodau o al-Qaeda weithredu mewn sawl rhan arall o'r byd, a denu rhagor o bobl atyn nhw. Yn 1993, saethon nhw hofrenyddion byddin America i lawr yn Somalia, gwlad fach yn Affrica, a chredai pobl mai nhw a gynlluniodd ymosodiad ar Ganolfan Masnach y Byd yn Efrog Newydd yn yr un flwyddyn. Yn 1994 a 1995, cynllwynion nhw i ladd y Pab a'r Arlywydd Bill Clinton yn y Pilipinas. Yn 1998, bomion nhw lysgenadaethau America yn Kenya a Tanzania ac yn 1999, cynllunion nhw i ladd twristiaid o America ac Israel yng ngwlad Iorddonen. Yn 2000, ymosodon nhw ar USS Cole, llong o Lynges UDA, yn Yemen. Yna, dechreuon nhw gynllunio'r ymosodiad mwyaf uchelgeisiol eto – ymosodiad newydd ar Ganolfan Masnach y Byd. Cafodd y rhan fwyaf o'r dynion a gyflawnodd yr ymosodiad hwn eu dewis am eu gwybodaeth am awyrennau. Roedd nifer o'r herwgipwyr wedi astudio adeiladu awyrennau yn yr Almaen yn ystod y 1990, a chafodd eraill wersi hedfan yn Ewrop ac UDA cyn yr ymosodiadau. Llwyddodd pob un i ddod i mewn i UDA yn gyfreithlon gyda visas dros dro fel twristiaid, dynion busnes a myfyrwyr.

Roedd yr oriau brig yn eu hanterth ar fore hyfryd ym mis Medi yn Efrog Newydd. Roedd miloedd o ddynion a menywod yn cyrraedd swyddfeydd ledled y ddinas. Yn eu plith roedd staff o'r amryw o fusnesau rhyngwladol oedd â swyddfeydd yng Nghanolfan Masnach y Byd – dau dŵr uchel, 110 llawr o uchder, oedd yn symbolau llawn balchder o fenter a chyfalafiaeth mewn gwlad oedd yn ei hystyried ei hun yn arweinydd y byd rhydd. Ar ddiwrnod gwaith cyffredin, roedd dros 50,000 o bobl yn gweithio yn y tyrau.

YR HERWGIPIO CYNTAF

Mohammad Atta, arweinydd herwgipwyr Hediad 11

Cododd hediad 11 American Airlines, jet Boeing 767 i Los Angeles, o Faes Awyr Logan, Boston. Am 08.28, aeth grŵp o bedwar o herwgipwyr, o dan arweiniad dyn o'r enw Mohammad Atta, i mewn i gaban y peilot. Roedd cyllyll ganddyn nhw. Ar y llawr, clywodd staff rheoli'r awyr nhw'n dweud, 'Peidiwch â gwneud unrhyw beth dwl. Chewch chi mo'ch anafu. Mae awyrennau eraill gennym ni'.

HEDIAD 175

Tua 8.30 a.m., cafodd teithwyr a chriw ar ail awyren, Hediad United Airlines 175, eu llorio gan bum herwgipiwr arall oedd â chyllyll. Gadawodd yr awyren Boston, ar ei ffordd i Los Angeles, am 7.58 a.m. Roedd yn cludo 65 o bobl. Wrth geisio cymryd rheolaeth ar yr awyren, trywanodd yr herwgipwyr un o griw'r caban. Llwyddodd un ddynes ddewr o'r criw i gael neges i rybuddio'r staff rheoli awyr.

Hediad 175 United Airlines

Swyddogion yn NORAD yn cadw golwg ar yr awyr uwchben America.

NORAD

Am 8.40 a.m., anfonodd Gweinyddiaeth Hedfan Ffederal UDA rybudd i NORAD (North American Aerospace Command, y corff milwrol sy'n gwarchod yr awyr dros Ganada ac UDA). Cawson nhw wybod bod dwy awyren wedi'u herwgipio – Hediad 11 American Airlines a Hediad 175 United Airlines oedd ar y ffordd i Los Angeles. Rhoddodd NORAD orchymyn i ddwy jet ymladd F-15 godi o Ganolfan Otis Gwarchodlu Cenedlaethol yr Awyr yn Falmouth, Massachusetts.

TRYCHINEB

`08:48`

Yn lle mynd tua'r gorllewin o Boston i Los Angeles, newidiodd Hediad 11 American Airlines gyfeiriad, a hedfan i'r de tuag at Efrog Newydd. Roedd yn teithio ar tua 800km/a (500 mya) wrth daro Tŵr y Gogledd, Canolfan Masnach y Byd, rhwng lloriau 95 a 103. Lladdodd y gwrthdrawiad bob un o'r 92 o bobl ar yr awyren – y teithwyr, y criw a'r pedwar herwgipiwr – a channoedd o bobl yn Nhŵr y Gogledd. Roedd y rhain yn cynnwys tua 80 cogydd, gweinydd a staff cegin oedd yn gweithio ym mwyty 'Windows on the World' ar lawr 106. Gwyliodd pobl yn America a ledled y byd yn syfrdan wrth i adroddiadau byw ddechrau ymddangos ar y teledu, yn dangos mwg du yn dod o Dŵr y Gogledd, Canolfan Masnach y Byd yn Efrog Newydd. Ai rhyw fath o ddamwain ofnadwy oedd wedi digwydd?

Yr awyren gyntaf yn plymio i mewn i Dŵr y Gogledd.

BARN *y bobl*

'Am 08.48, pan oeddwn i'n eistedd yn fy nghadair, teimlais hergwd anferthol. Rholiodd fy nghadair swyddfa i un cyfeiriad, ac yna i'r cyfeiriad arall. Yn ystod y siglo, gallwn glywed concrit a dur yn crensian. Roedd darnau metel ar dân a thunelli o bapur yn hedfan y tu allan i ffenestri'r de ac yn cwympo i'r ddaear islaw. Y cyfan wnaeth llawer o bobl oedd syllu drwy'r ffenestri, wedi'u synnu wrth weld hyn. Ro'n i wir yn meddwl bod yr adeilad yn mynd i syrthio i'r llawr yr eiliad honno.'

Gweithiwr yng Nghanolfan Masnach y Byd yn cofio
Dyfyniad ar newyddion y BBC

09:03

RYCHINEB YN NHÔWR Y DE

rth iddyn nhw edrych drwy eu
merâu, roedd criwiau camera
n methu credu wrth weld
l awyren yn dod tuag at
anolfan Masnach y Byd.
ediad 175 oedd hi. Am
03 a.m., gwylion nhw
ewn arswyd gyda
iliynau o wylwyr teledu
gweithwyr mewn
eiladau cyfagos, wrth
awyren daro Tŵr y
e. Tarodd yr adeilad tua
fel llawr 80, gan orfodi
mwl enfawr o lwch, mwg
thanwydd awyren wedi
weddu drwy'r ochr draw.

Yr ail awyren yn ta
y De gan ei roi ar dân.

Cafodd yr Arlywydd Bush wybod yn syth am yr ymosodiad.

YR ARLYWYDD
YN CAEL GWYBOD

09:10

I ddechrau, roedd y rhan fwyaf o bobl yn meddwl mai
damwain drist oedd wedi digwydd yng Nghanolfan Masnach
y Byd, neu bod un person ynfyd wedi ei achosi. Ond roedd
rhai o swyddogion llywodraeth America yn amau fel arall.
Rhoddon nhw'r newyddion yn syth i'r Arlywydd Bush, a
oedd yn ymweld ag ysgol yn Florida ac yn darllen i blant
mewn ystafell ddosbarth. Erbyn 9.20 a.m., roedd yr FBI wedi
dechrau ymchwilio i ymosodiad posibl gan derfysgwyr.

09:29

Y DYNION TÂN CYNTAF

Erbyn 9.29 a.m., roedd y swyddogion heddlu, y dynion tân a'r criwiau ambiwlans cyntaf wedi cyrraedd Canolfan Masnach y Byd. Aethon nhw i mewn yn ddewr wrth i weithwyr swyddfa yn y ddau dŵr ddechrau gadael yr adeilad. Yn Florida, cyhoeddodd yr Arlywydd Bush yn ddifrifol wrth ohebwyr newyddion fod trychineb genedlaethol newydd ddigwydd.

BARN *y bobl*

'Gwelson ni'r ddau dŵr ar dân. Roedd gan y ddau dŵr dyllau enfawr du yn eu hochrau, ac roedd fflamau coch llachar yn dod o'r rhannau oedd wedi'u difrodi. Roedd yn anghredadwy.

Erbyn hyn, roedd fy nghydweithwyr yn crio ac yn edrych yn syfrdan ar y tyrau. Roedden nhw'n cofleidio ei gilydd. Cerddon ni i gornel Fulton a Broadway, a gwelais rywbeth ofnadwy. Sylweddolais mai darn o offer glanio blaen awyren jet oedd yno.

Roedd e ar y stryd, o dan rywbeth oedd yn edrych fel pwll mawr o waed. Roedd cymaint o waed ar y stryd.'

Gweithiwr yng Nghanolfan Masnach y Byd, a ddihangodd o'r adeilad, yn cofio. Dyfyniad ar newyddion y BBC.

Un o ddynion tân Efrog Newydd yn gofalu bod pobl yn ddiogel.

09:40

CALON Y LLYWODRAETH

Am 9.40 a.m., dyma drydedd awyren (Hediad 77 American Airlines o Washington DC i Los Angeles) yn taro'r Pentagon, ar gyrion Washington DC – un o'r adeiladau mwyaf diogel yn y byd. Y Pentagon, adeilad rhyfeddol fel caer sydd â phum ochr, yw canolfan reoli lluoedd arfog America. Wrth i Hediad 77 ddod i lawr, ffrwydrodd, gan greu pelen enfawr o dân ac achosi i bum llawr y Pentagon syrthio. Lladdwyd pob un o'r 64 person ar fwrdd Hediad 77, gan gynnwys y pum herwgipiwr. Lladdwyd tua 190 o staff y Pentagon hefyd.

Y Tŷ Gwyn, cartref arlywydd America.

WASHINGTON MEWN PERYGL

09:45

Erbyn 9.45 a.m., roedd arbenigwyr diogelwch yn ofni bod bywyd yr arlywydd a bywydau ei staff mewn perygl. Cafodd pawb eu symud allan o adeiladau allweddol yn Washington DC gan gynnwys y Tŷ Gwyn (cartref a phencadlys arlywydd America) a'r Capitol (lle mae swyddfeydd y llywodraeth a'r ddeddfwrfa). Bum munud yn ddiweddarach, caewyd pob maes awyr yn America a gorchmynnwyd i bob awyren fasnachol yn yr awyr lanio cyn gynted â phosibl. Dyma'r tro cyntaf i orchymyn o'r fath gael ei roi.

Adfeilion y Pentagon ar ôl iddo gael ei daro gan Hediad 77.

AWYREN PITTSBURGH

`10:04`

Erbyn 10.04 a.m., cafwyd gwybod am awyren arall eto. Y tro hwn, glaniodd yr awyren mewn cae tua 130km (81 milltir) i'r de-ddwyrain o Pittsburgh – dinas ddiwydiannol yng nghanolbarth America. Hediad 93 United Airlines oedd yr awyren, ar ei ffordd i San Francisco o Newark, New Jersey. Roedd 45 o deithwyr arni, gan gynnwys pedwar herwgipiwr gyda chyllyll a blwch roedden nhw'n dweud bod bom ynddo. I ddechrau, ni chysylltodd neb y digwyddiad hwn â'r ymosodiadau terfysgol eraill. Ond wedyn, sylweddolon nhw fod y teithwyr wedi gorfodi'r herwgipiwyr i lywio'r awyren o'r targed roedden nhw wedi bwriadu ei daro. Mae'n debygol mai adeilad pwysig y llywodraeth yn Washington DC oedd hwn – y Tŷ Gwyn ei hun, efallai!

Gweddillion Hediad 93 mewn cae yn Pittsburgh.

BARN *y bobl*

'*Rwyf eisiau i bobl America wybod bod holl adnoddau'r llywodraeth ffederal ar waith yn rhoi help i awdurdodau lleol achub bywydau a helpu dioddefwyr yr ymosodiadau hyn... Mae hyn yn brawf ar ddycnwch ein cenedl fawr. Ond peidiwch ag amau dim: byddwn yn dangos i'r byd y byddwn yn llwyddo yn y prawf hwn.*'

Datganiad brys gan yr Arlywydd Bush, 12.39 p.m., 11 Medi, 2001

Pan ddymchwelodd y Tyrrau, llenwodd y strydoedd â mwg gwenwynig.

DYMCHWEL

`10:05`

Yn ôl yn Efrog Newydd, roedd golygfeydd cwbl ofnadwy. Roedd gweithwyr ar loriau isaf Tyrau'r De a'r Gogledd Canolfan Masnach y Byd yn ceisio dod i lawr drwy'r adeilad drwy gymylau o fwg gwenwynig oedd yn eu dallu a'u llosgi. Collodd rhai eu ffordd yn y tywyllwch a mynd yn sownd, a methu dianc yn fyw. Bu eraill farw, drwy fogi a thagu, wrth i wres a mwg ruddo eu hysgyfaint. Yn uwch i fyny yn y tyrau, uwchlaw'r rhannau roedd yr awyrennau wedi'u taro, neidiodd dynion a menywod i'w marwolaeth o ffenestri'r swyddfeydd, yn hytrach nag aros i'r tân eu cyrraedd a chael eu llosgi'n fyw. Yna'n sydyn, gyda sŵn dychrynllyd, dymchwelodd Twr y De. Fel nifer o adeiladau swyddfeydd modern, roedd Canolfan Masnach y Byd wedi'i chodi o gwmpas fframwaith o ddur. Ond roedd wedi amsugno dros 90,000 litr (23,700 galwyn) o danwydd awyren fflamadwy ar ôl i'r awyren daro. Wrth i'r tanwydd losgi'n eirias, cododd y tymheredd i dros 800°C (1,450°F). Aeth y ffrâm dur yn feddal, gan wneud i'r lloriau a'r waliau concrid roedd yn arfer eu cynnal ddymchwel. Gwasgwyd cannoedd o weithwyr swyddfa – a'r heddlu, y dynion tân a'r criwiau ambiwlans oedd yn eu helpu i adael yr adeilad – o dan 100,000 tunnell o rwbel wrth i Dŵr y De ddymchwel.

YR EILIAD ALLWEDDOL *Medi'r 11eg*

TŴR Y GOGLEDD YN DYMCHWEL

10:29

Newydd dawelu roedd y rhuo marwol ar ôl i Dŵr y De gwympo, pan chwalodd Tŵr y Gogledd a dymchwel i'r llawr. Rhedodd y bobl oedd y tu allan i Ganolfan Masnach y Byd am eu bywydau wrth i gwmwl enfawr o lwch a mwg chwyrlïo o gwmpas yr adfeilion, a syrthiodd cawodydd o ddarnau o wydr a choncrid arnyn nhw o'r awyr. Lladdwyd cannoedd yn rhagor o weithwyr Canolfan Masnach y Byd a gweithwyr y gwasanaethau argyfwng. Mewn llai na dwy awr, roedd symbol balchaf masnach rydd America wedi cael ei ddinistrio.

Adfeilion Tŵr y Gogledd.

Rhuodd awyrennau rhyfel pwerus dros Washington DC ac Efrog Newydd ar ôl yr ymosodiadau.

13:20

GWARCHOD YR ARLYWYDD

Am resymau diogelwch, cafodd yr Arlywydd Bush ei hedfan i Ganolfan Llu Awyr Offutt yng nghefn gwlad Nebraska am 1.20 p.m. Funudau'n ddiweddarach, anfonodd cadlywyddion byddin a chomanderiaid llynges America saith llong ryfel i warchod arfordir dwyreiniol America, a gorchmynnwyd i awyrennau ymladd ychwanegol hedfan uwchben Washington DC ac Efrog Newydd. Am 1.50 p.m. cyhoeddodd Maer Washington DC stad o argyfwng yn y brifddinas, gan roi pwerau mawr i'r heddlu a'r milwyr gymryd camau yn erbyn y rhai oedd yn cael eu hamau o fod yn derfysgwyr.

14:48 Er bod swyddogion yr heddlu, dynion tân a chriwiau ambiwlans wedi gweld nifer o'u cydweithwyr yn cael eu lladd, dechreuon nhw chwilio'n ddewr drwy rwbel Canolfan Masnach y Byd. Ond cyn hir, daeth hi'n amlwg mai ychydig iawn o bobl a lwyddodd i oroesi yn y ddau dŵr neu'n agos iddyn nhw. Dim ond pump o bobl ddaeth allan yn fyw yn y 24 awr cyntaf. Ymhell cyn hynny, roedd dinasyddion Efrog Newydd yn dechrau sylweddoli maint y drychineb oedd wedi'u taro nhw. Mewn datganiad emosiynol, bedair awr ar ôl i'r tŵr cyntaf syrthio, cyhoeddodd Rudolph Giuliani, maer y ddinas, y gallai nifer y meirw fod 'yn fwy nag y gall unrhyw un ohonon ni ei ddioddef'. I nifer o bobl roedd hi'n ymddangos fel petai dydd y farn – diwedd y byd – wedi dod.

Rudolph Giuliani, Maer Efrog Newydd, yn paratoi i roi ei araith.

20:30

Am 8.30 p.m. ar 11 Medi, 2001, gwnaeth yr Arlywydd Bush ddarllediad teledu swyddogol i'r Americanwyr. Ynddo, soniodd am y sioc enfawr oherwydd yr ymosodiad, ond fel y byddai pobl America'n sefyll gyda'i gilydd ac yn trechu'r terfysgwyr.

Yr Arlywydd Bush yn rhoi anerchiad dwys i'r Genedl.

DARLLEDU *i'r genedl*

'Heddiw, daeth ein cydwladwyr, ein ffordd o fyw, ein rhyddid yn wir o dan ymosodiad mewn cyfres o weithredoedd terfysgol bwriadol a marwol. Bwriad y gweithredoedd hyn o ladd ar raddfa eang oedd codi ofn ar ein cenedl ac achosi anhrefn ac encilio. Ond maen nhw wedi methu. Gall ymosodiadau terfysgol ysgwyd seiliau ein hadeiladau mwyaf, ond maen nhw'n methu cyffwrdd â seiliau America.'

Gwnaeth yr Arlywydd Bush ddarllediad teledu swyddogol i'r Americanwyr.

Wrth i'r mwg a'r llwch orwedd ar adfeilion Canolfan Masnach y Byd, roedd bwlch yng ngorwel enwog dinasyddion Efrog Newydd a thwll yn eu calonnau. Yn fuan iawn, cafodd y safle ei enwi yn 'Ground Zero'. Crynhodd yr Arlywydd Bush feddyliau pawb: 'Fydd dim un ohonon ni'n anghofio'r diwrnod hwn'.

Am wythnosau ar ôl y digwyddiad, byddai pobl yn rhoi ceisiadau torcalonnus am help, fel hwn (isod), o gwmpas Ground Zero, gan obeithio bod eu hanwyliaid wedi goroesi'r trychineb rywsut.

We Need Your Help

Giovanna "Gennie" Gambale
27 years old   5'6"
Brown hair, brown eyes
Last seen on 102nd fl of World Trade Center 1
(E-Speed/Cantor-Fitzgerald)
Call with any information 718-624-0465

Llawer o feirw

Yn ystod y dyddiau ar ôl yr ymosodiadau terfysgol, daliodd gweithwyr brys ati i chwilio drwy'r rwbel, ond ychydig iawn o bobl oedd wedi goroesi. Yn y pen draw, cyhoeddwyd nifer terfynol y rhai a laddwyd gan y terfysgwyr yn Efrog Newydd a Washington DC. Roedd cyfanswm o dros 3,000 o sifiliaid diniwed. Roedd miloedd yn rhagor o ddynion, menywod a phlant yn galaru am anwyliaid, cydweithwyr a chymdogion a oedd wedi colli'u bywydau yn y trychineb.

Adfeilion

Roedd pobl Efrog Newydd yn dioddef hefyd wrth weld adfeilion yr adeiladau yn Ground Zero. Wrth i beirianwyr a gweithwyr adeiladu weithio i glirio rwbel a diogelu'r safle, meddai un achubwr gwirfoddol mewn anghrediniaeth, 'Do'n i byth yn meddwl y byddwn i'n gweld Canolfan Masnach y Byd yn mynd heibio mewn lorri sbwriel'. Ofnai rhai arbenigwyr fod y tir cyfagos wedi dadsefydlogi oherwydd y tonnau sioc wrth i'r tyrrau ddymchwel, ac y gallai Afon Hudson orlifo i holl ardal fusnes Efrog Newydd. Drwy lwc, ddigwyddodd hynny ddim, ond roedd nifer o adeiladau ger Ground Zero wedi'u difrodi'n ddifrifol, a dymchwelodd un.

Goreuon America

Ond roedd ychydig o newyddion da ynghanol yr adroddiadau am farwolaethau a difrod. Wrth i'r rhai

YSTADEGAU *trist*

Marwolaethau yng Nghanolfan Masnach y Byd	2,792	Pobl wedi'u hanafu yn y Pentagon	76
Pobl wedi'u hanafu yng Nghanolfan Masnach y Byd	2,261	Marwolaethau ar yr awyrennau	261
		Dynion tân a fu farw	343
Marwolaethau yn y Pentagon	124	Swyddogion heddlu a fu farw	75

a ddaeth drwyddi gofio am eu profiadau, sonion nhw am ddewrder ac arwriaeth aelodau'r gwasanaethau argyfwng, yn enwedig y dynion tân. Cofion nhw sut roedd dynion a menywod wedi mentro'n ddewr i mewn i'r tyrau oedd ar dân i arwain gweithwyr swyddfa i ddiogelwch, er bod y dynion tân yn gwybod bod yr adeiladau'n debygol o ddymchwel. Roedd criwiau ambiwlans, hefyd, wedi ruthro tuag at y tân pan oedd eraill yn rhedeg am eu bywydau. Galwyd y dewrion hyn yn 'oreuon America'. Canmolwyd y Maer Giuliani hefyd am ei arweiniad ysbrydoledig, ac anfonodd nifer o arweinwyr y byd negeseuon yn llawn cydymdeimlad a chefnogaeth.

Ergyd i fusnes

Roedd y terfysgwyr wedi dewis Canolfan Masnach y Byd yn fwriadol. Roedden nhw'n gobeithio y byddai hyder ym musnes America yn dymchwel, gyda'r tyrrau. Ddigwyddodd hyn ddim, ond am y tro cyntaf mewn dros 50 mlynedd, dechreuodd pobl amau pŵer economaidd America. Cyn yr ymosodiad, roedd hwn wedi ymddangos yn gadarn. Ond wedyn, aeth cwsmeriaid a buddsoddwyr Americanaidd yn ofalus, ac arafodd economi UDA.

CONDEMNIO'R *ymosodiadau*

'Yn wir, roedd ddoe yn ddiwrnod tywyll yn ein hanes, yn drosedd ddyrchrynllyd yn erbyn heddwch, yn ymosodiad ofnadwy yn erbyn urddas dynol.'
– Y Pab Ioan Paul II

'Rhyfel yw hwn rhwng daioni a drygioni a rhwng dynoliaeth a'r rhai sy'n ysu am waed . . .'
– Ariel Sharon, Prif Weinidog Israel

'Cawson ni sioc enfawr . . . Mae'n anghredadwy, anghredadwy, anghredadwy . . .'
– Yasser Arafat, Llywydd Palestina

'Rwy'n eu condemnio nhw'n llwyr . . .'
– Kofi Annan, Ysgrifennydd Cyffredinol y Cenhedloedd Unedig

Yr Arlywydd George Bush yn annerch aelodau o'r gwasanaethau argyfwng o flaen rwbel ac adfeilion Ground Zero.

Fel pawb arall roedd y rhan fwyaf o Fwslimiaid wedi'u harswydo wrth glywed am ymosodiadau'r terfysgwyr, ond roedd llawer o bobl yn eu hamau ar ôl yr ymosodiadau.

'I America, ychydig o eiriau'n unig sydd gen i . . . rwy'n tyngu llw yn enw Duw . . . na fydd America na'r bobl sy'n byw yno'n breuddwydio am ddiogelwch tan i ni fyw ym Mhalestina ac nid tan i holl fyddinoedd yr anghredinwyr adael tir Muhammad, heddwch i'w lwch.'

anghredinwyr = pobl nad ydyn nhw'n Fwslimiaid
tir Muhammad = Arabia

Osama bin Laden yn siarad wedi'r ymosodiadau.

Hinsawdd yn newid

Cyn yr ymosodiadau, roedd Americanwyr yn ymfalchïo yn eu ffordd rydd a hawdd. Roedd y rhain yn amrywio o groesawu dieithriaid heb holi cwestiynau i'r hawl i unrhyw un gael dryll. Roedd ffordd o fyw'r Americanwyr yn ymddangos yn ddiogel y tu ôl i ffiniau naturiol y wlad, sef diffeithwch, mynyddoedd a chefnforoedd, a'i lluoedd arfog oedd y cryfaf yn y byd.

Beth aeth o'i le?

Ond wedi'r ymosodiadau, doedd America ddim yn ymddangos yn wlad mor ddiogel i fyw ynddi. Ac, ar ôl i sioc yr ymosodiadau gilio, dechreuodd pobl holi cwestiynau – yn enwedig, pam nad oedd rhybudd wedi bod? Cyhuddwyd y ddau brif wasanaeth cudd-wybodaeth, y CIA (Central Intelligence Agency) a'r FBI (Federal Bureau of Investigation) o beidio â chysylltu'r dotiau – methu rhoi'r holl gliwiau roedd eu swyddogion cudd-wybodaeth wedi'u casglu at ei gilydd, fel ymddygiad amheus yr herwgipwyr

mewn ysgolion hyfforddi hedfan yn UDA cyn yr ymosodiad. Er mwyn atal methiannau tebyg yn y dyfodol, gorchmynnwyd i holl weithwyr diogelwch America dros y byd fod yn wyliadwrus. Tyngodd yr Arlywydd Bush y byddai'n dod o hyd i'r rhai oedd yn gyfrifol am ymosodiadau Medi'r 11eg a'u dwyn gerbron llys, gan addo 'crwsâd rhyngwladol i gael gwared ar y rhai sy'n gwneud drygioni yn y byd'.

Diogelwch y famwlad

Yn ogystal, sefydlodd llywodraeth UDA adran newydd, oedd yn gyfrifol am 'ddiogelwch y famwlad'. Arestiodd yr heddlu gannoedd o ddynion ifanc (Mwslimaidd yn bennaf) a'u cyhuddo o ddod i mewn i UDA yn anghyfreithlon, er bod y rhan fwyaf o herwgipwyr Medi'r 11eg wedi llwyddo i ddod i mewn i'r wlad yn gyfreithlon. Aeth hi'n fwy anodd teithio dramor ac o fewn UDA drwy feysydd awyr, gan fod yn rhaid i bob teithiwr fynd drwy ragor o fesurau diogelwch. Doedd dim hawl cario eitemau ar awyrennau a oedd yn ymddangos yn 'ddiniwed', fel sisyrnau torri ewinedd a chyllyll a ffyrc metel. Teithiodd llai o dwristiaid i America oherwydd yr oedi roedd hyn yn ei achosi ac oherwydd ofn ymosodiadau terfysgol pellach. Hefyd, canslodd nifer o Americanwyr eu cynlluniau i deithio dramor ar wyliau neu ar gyfer busnes.

Pecynnau marwol

Aeth pethau'n waeth ar ôl i becynnau o bowdr gwyn gael eu postio i swyddfeydd y llywodraeth a chwmnïau cyfryngol yn nifer o ddinasoedd America. Roedd y pecynnau'n cynnwys sborau (hadau pitw bach) y germ marwol, anthracs. Aeth pawb i banig, a chasglodd ysbytai storfeydd mawr o wrthfiotigau, yn barod i'w defnyddio fel gwrthwenwyn. Heddiw, mae'r heddlu'n meddwl mai un troseddwr ar ei ben ei hun oedd wrthi, ond does neb yn gwybod i sicrwydd.

YMATEB *yr Arlywydd*

'Rydym yn wlad wahanol i'r hyn oeddem ar 10 Medi, yn dristach ac yn llai diniwed, yn gryfach ac yn fwy unedig. Ac yn wyneb bygythiadau sy'n parhau, yn benderfynol ac yn ddewr. Mae ein cenedl yn wynebu bygythiad i'n rhyddid, ac ni allai mwy fod yn y fantol. Rydym yn darged i elynion sy'n ymffrostio eu bod eisiau lladd, lladd pob Americanwr, lladd pob Iddew a lladd pob Cristion...'

Yr Arlywydd Bush, yn siarad ddau fis wedi'r ymosodiadau.

Rhyfel germau?

At hynny, rhybuddiodd arbenigwyr diogelwch y gallai terfysgwyr al-Qaeda, neu'r llywodraethau oedd yn eu cefnogi, lansio ymosodiad rhyfel germau yn erbyn America. Rhag ofn i hyn ddigwydd, archebodd llywodraeth America ddigon o frechlynnau'r frech wen i warchod pob dinesydd. Aeth pobl yn fwy ofnus pan ymddangosodd Osama bin Laden ar dâp fideo, yn gwneud bygythiadau newydd yn erbyn America a'i phobl.

'Mae'n hi'n ymddangos bod y terfysgwyr wedi llwyddo ymhell y tu hwnt i'w disgwyliadau . . . Allaf i ddim meddwl am ddim byd sydd wedi tarfu cymaint ar y llywodraeth ers y Rhyfel Cartref.'

James Thurber, athro ym maes llywodraeth America am y ffordd y llwyddodd braw'r anthracs i darfu ar wasanaeth post America, Hydref – Tachwedd 2001

Yn ystod yr argyfwng anthracs, roedd awdurdod tollau UDA ar eu gwyliadwriaeth rhag ofn i rywbeth amheus ddod i mewn i'r wlad.

PORT AUTHORITY
POLICE

Ddau ddiwrnod yn unig ar ôl yr ymosodiadau, dywedodd Colin Powell, Ysgrifennydd Gwladol America, mai Osama bin Laden gynlluniodd yr ymosodiadau ar Ganolfan Masnach y Byd. Credai llywodraeth UDA mai al-Qaeda oedd yr unig grŵp allai lwyddo i ymosod fel hyn. Canolbwyntiodd sylw'r byd ar Afghanistan, lle roedd arbenigwyr diogelwch yn credu bod Osama bin Laden yn cuddio.

Roedd nifer o aelodau'r Taliban (isod) yn ddynion ifanc heb wreiddiau o'r gwersylloedd i ffoaduriaid ar y ffin rhwng Pakistan ac Afghanistan. Roedd fersiwn radical y Taliban o Islam yn apelio atyn nhw, gan eu bod yn dlawd ac yn llawn dicter.

Y Taliban

Ers 1989, pan adawodd milwyr Sofietaidd y wlad, doedd dim llywodraeth gref a sefydlog wedi bod yn Afghanistan. Yn lle hynny, roedd arglwyddi rhyfel gwahanol yn rheoli'r wlad. Yn 1996, dyma grŵp o eithafwyr Islamaidd ifanc, oedd yn galw eu hunain yn 'y Taliban' ('Myfyrwyr Duw'), yn cipio rheolaeth ar y rhan fwyaf o'r wlad, gan orfodi gweinidogion y llywodraeth i ffoi. Ffurfiwyd y Taliban yn 1994 gan Mullah Mohammad Omar, athro crefyddol Mwslimaidd o Afghanistan, ac ar y dechrau brwydrai yn erbyn anghyfraith a llygredd. Denodd y grŵp lawer o aelodau o blith dynion ifanc tlawd, di-waith o bentrefi yn Afghanistan ac o'r gwersylloedd i ffoaduriaid dros y ffin yn Pakistan – lle roedd llawer o deuluoedd o Afghanistan wedi byw mewn amodau diflas ers i'r Undeb Sofietaidd oresgyn eu gwlad yn 1979. Roedd aelodau'r Taliban yn arswydo wrth weld y rhyfeloedd cartref oedd yn dinistrio'u gwlad. Yn ogystal roedden nhw'n casáu'r ffordd roedd adloniant, ffasiynau a syniadau seciwlar, gwyddonol yn dod yn fwy poblogaidd ymysg pobl gyfoethog Afghanistan.

PROBLEM *sy'n parhau*

Roedd ennill rhyfel Afghanistan yn hawdd i'r Americanwyr. Ond mae cadw'r heddwch yno wedi bod yn llawer mwy anodd. Er bod y wlad yn cael ei sefydlogi gan ISAF (International Security Assistance Force), mae ymladd o hyd rhwng arglwyddi rhyfel, yn enwedig yn y gogledd. Mae pobl Afghanistan yn dal yn druenus o dlawd, ac mae sawl sychder wedi gwaethygu'r sefyllfa. Mae'r llywodraeth newydd yn rheoli Kabul, y brifddinas, ond dim llawer o weddill y wlad. Mae arian a chymorth arbenigol, a addawodd y gymuned ryngwladol, wedi bod yn araf iawn yn cyrraedd y bobl sydd mewn angen.

Islam Gaeth

Erbyn 1999, roedd tua 30,000 o filwyr gwirfoddol gan y Taliban. Hefyd, roedd ganddyn nhw danciau ac awyrennau a gipiwyd oddi

Milwyr America ar eu ffordd i Kabul, prifddinas Afghanistan (uchod), a milwyr Prydain yn ffrwydro taflegrau'r gelyn yn y wlad (isod).

wrth arglwyddi rhyfel Afghanistan. Byddai milwyr y Taliban yn mynd o gwmpas pentrefi a threfi'r wlad, gan orfodi'u ffordd Islamaidd gaeth ar bawb. Caeon nhw ysgolion, gwahardd cerddoriaeth a dawnsio, a gwahardd pob menyw (hyd yn oed meddygon a nyrsys) rhag gweithio y tu allan i'r cartref. Roedden nhw'n gobeithio lledaenu eu barn ffwndamentalaidd eu hunain, ac felly'n cefnogi grwpiau terfysgol Mwslimaidd mewn gwledydd eraill, gan gynnwys al-Qaeda.

Yn barod at ryfel
Ar 14 Medi, 2001, galwodd llywodraeth UDA ar 50,000 o filwyr wrth gefn, a gorchymyn i awyrennau a llongau rhyfel fynd i ganolfannau'n agos i Afghanistan. Galwodd yr Arlywydd Bush ar y Taliban i ildio Osama bin Laden 'yn fyw neu'n farw', gan fygwth dial ofnadwy petaen nhw'n methu cydweithio. Gwrthododd y Taliban. Yn lle hynny, galwon nhw ar Fwslimiaid ledled y byd i ddechrau 'rhyfel sanctaidd' yn erbyn America.

Ymosod ac ildio
Ar 7 Hydref 2001, ymosododd yr Americanwyr ar Afghanistan gyda bomiau a gynnau mawr. Doedd dim gobaith gan y Taliban yn erbyn hyn. Lladdwyd eu haelodau neu aethon nhw i guddio. Erbyn mis Rhagfyr, cafodd llywodraeth sifil newydd, wedi'i chefnogi gan America, y dasg enfawr o ailuno ac ailadeiladu Afghanistan dlawd oedd wedi'i rhwygo gan y rhyfela.

> 'Drwy ddinistrio gwersylloedd a tharfu ar gyfathrebu, byddwn yn ei gwneud hi'n fwy anodd i rwydwaith y terfysgwyr hyfforddi aelodau newydd a chydlynu eu cynlluniau drwg. Efallai y bydd y terfysgwyr yn cloddio'n ddyfnach i ogofau a chuddfannau eraill i ddechrau. Nod ein gweithredu milwrol yw agor y ffordd i weithredu parhaus, trylwyr a di-ildio i'w gyrru allan a'u dwyn gerbron llysoedd.'
>
> *Yr Arlywydd Bush yn rhoi ei resymau dros ymosod ar Afghanistan, Tachwedd 2001.*

Cynghreiriaid newydd, gelynion newydd

Pan ledodd y newyddion am yr ymosodiadau terfysgol dros y byd, brysiodd arweinwyr i fynegi eu sioc a'u harswyd, ac i gynnig eu cefnogaeth i America. Anfonodd gwledydd oedd yn arfer bod yn elyniaethus i America, fel Libya ac Iran, negeseuon o gydymdeimlad. Cyhoeddodd yr Arlywydd Jacques Chirac o Ffrainc (oedd yn cyson feirniadu polisi America), 'Americanwyr ydyn ni i gyd'.

Cefnogaeth gref

Yn gyfnewid am y geiriau caredig hyn, cynigiodd America gefnogaeth gref i wledydd oedd yn ymladd terfysgaeth ar eu tir eu hunain, gan gynnwys Rwsia, China ac Israel. Rhoddodd gweinidogion America y gorau i feirniadu gweithredoedd llym yn erbyn terfysgwyr, fel defnyddio nwy marwol i lorio terfysgwyr oedd yn dal gwystlon mewn theatr yn Moscow, Rwsia. Cyn Medi'r 11eg, efallai y bydden nhw wedi protestio bod hyn yn torri cytundebau rhyngwladol ar hawliau dynol. Wrth ymweld â Rwsia, cyhoeddodd yr Arlywydd Bush, 'Pan o'n i yn yr ysgol uwchradd, gelyn oedd Rwsia. Nawr, gall disgyblion yn yr ysgol uwchradd wybod mai ffrind yw Rwsia.'

Yr Arlywydd George W Bush yn diolch i'r Arlywydd Vladimir Putin o Ffederasiwn Rwsia am ei gefnogaeth i'r 'rhyfel yn erbyn terfysgaeth' (uchod). Roedd cymorth Putin yn arwydd bod y berthynas rhwng UDA a Rwsia yn dechrau gwella.

Rhyfel byd-eang

Ond roedd ymosodiadau Medi'r 11eg yn golygu bod gelynion newydd gan America, yn ogystal â ffrindiau newydd. Disgrifiodd yr Arlywydd Bush ymosodiad ei filwyr ar Afghanistan fel gwrthdaro o fath newydd: rhyfel ar sawl ffrynt, yn erbyn terfysgwyr sy'n gweithredu mewn dros 60 gwlad wahanol.

Amau

Rhybuddiodd America bob cenedl, gan gynnwys cynghreiriaid fel Saudi Arabia, i beidio â dioddef eithafwyr Islamaidd. Rhoddon nhw bwysau ar y Palestiniaid i ddisodli eu harweinydd Yasser Arafat, oherwydd eu bod yn credu nad oedd yn ddigon 'cadarn yn erbyn terfysgwyr', a honni y gallai Syria fod yn 'wladwriaeth sy'n noddi terfysg'. Hefyd, cadwon nhw lygad barcut ar Pakistan, ar ôl i derfysgwyr Mwslimaidd yno ladd newyddiadurwr Americanaidd a staff llysgenhadaeth America oedd mewn gwasanaeth eglwysig. Paratodd byddin America gynlluniau i oresgyn gwladwriaethau ansefydlog fel Somalia, lle credent fod terfysgwyr al-Qaeda yn cuddio.

Barn wahanol

Cafodd galwad America am ryfel byd-eang yn erbyn terfysgaeth ymateb gwahanol mewn nifer o wledydd eraill. Ym Mhrydain, pasiwyd cyfreithiau newydd oedd yn rhoi'r hawl i'r heddlu garcharu pobl oedd yn cael eu hamau o fod yn derfysgwyr cyn iddyn nhw droseddu. Hefyd, cymerodd Indonesia a'r Pilipinas gamau llym yn erbyn grwpiau terfysgol oedd yn gysylltiedig ag al-Qaeda. Ond protestiodd llawer o wledydd pan garcharodd milwyr America gannoedd o derfysgwyr honedig ym Mae Guantanamo yn Cuba.

CEFNOGAETH *gan ffrindiau*

'Dylai'r gymuned ryngwladol gyfan uno yn y frwydr yn erbyn terfysgaeth.'
Yr Arlywydd Vladimir Putin o Rwsia (1999–2008)

'Bydd yn rhaid i ni, wledydd democrataidd y byd, ddod at ein gilydd i ymladd â'r drygioni hwn a chael gwared arno'n llwyr o'n byd ni.'
Tony Blair, Prif Weinidog Prydain, 1997–2007

'Mae ymosodiad ar un yn ymosodiad ar bob un . . .'
Yr Arglwydd Robertson, Ysgrifennydd Cyffredinol NATO (Cyfundrefn Cytundeb Gogledd Iwerydd – cynghrair filwrol o wledydd Ewrop, Canada ac UDA), 1999–2004

Roedd Fidel Castro, arweinydd Cuba (uchod), yn hynod feirniadol o ymateb arweinwyr America i'r ymosodiadau yn UDA.

CYDYMDEIMLAD *gan elynion*

'Er gwaetha'r gwrthdaro yn erbyn America, mae hi'n ddyletswydd ddynol arnom i ddangos cydymdeimlad â phobl America, a bod yn un â nhw adeg y digwyddiadau ofnadwy a dychrynllyd hyn sy'n siŵr o ddeffro cydwybod dynol.'

Moammar Gadhafi o Libya

[Rydym yn cynnig] 'tristwch mawr a chydymdeimlad . . . Dyletswydd ryngwladol yw ceisio tanseilio terfysgaeth.'

Yr Arlywydd Mohammad Khatami o Iran

Dywedodd Fidel Castro, arweinydd comiwnyddol Cuba, fod ymateb America i ddigwyddiadau Medi'r 11eg yn 'waeth na'r ymosodiadau gwreiddiol'. Roedd nifer o sylwebwyr yn siomedig wrth i bolisi tramor America fynd yn fwy llym. Roedden nhw'n gofyn tybed a oedd America'n gwastraffu'r cydymdeimlad a gafodd ar 11 Medi 2001.

'Echel drygioni'

Ym mis Ionawr 2002, ar ôl trechu'r Taliban yn Afghanistan, rhoddodd yr Arlywydd Bush anerchiad gan restru'r gwledydd oedd yn cefnogi terfysgaeth, yn ei farn ef, gan gynnwys Gogledd Korea, Iran ac Iraq. Galwodd nhw'n 'echel drygioni', gan addo y byddai America'n erlid terfysgwyr oedd yn cael noddfa yno.

Cofeb yng Ngogledd Korea sy'n dangos brwydr comiwnyddiaeth (isod). Mae'r wlad ar restr 'echel drygioni' UDA o wladwriaethau gelyniaethus.

'Mae'r hyn y mae America yn ei brofi nawr yn ddi-nod o'i gymharu â'r hyn rydyn ni wedi'i brofi dros ddegau o flynyddoedd. Mae ein cenedl (y byd Islamaidd) wedi bod yn profi'r cywilydd a'r gwarth hwn ers dros 80 mlynedd. Lleddir ei meibion, collir ei gwaed, ymosodir ar ei mannau sanctaidd ac nid oes neb yn clywed ac nid oes neb yn poeni.'

Wrth edrych yn ôl ar ddigwyddiadau 11 Medi, mae Osama bin Laden yn egluro pam mae'n credu bod modd cyfiawnhau'r ymosodiadau terfysgol.

'Byddwn yn erlid y cenhedloedd sy'n rhoi cymorth neu noddfa i derfysgaeth. Mae gan bob cenedl ym mhob rhanbarth benderfyniad i'w wneud. Naill ai rydych chi gyda ni, neu rydych chi gyda'r terfysgwyr.'

Yr Arlywydd Bush yn galw ar genhedloedd i ymuno â'r rhyfel yn erbyn terfysgaeth.

George Bush yn siarad â Tony Blair, Prif Weinidog Prydain ar y pryd, cyn ail Ryfel y Gwlff.

Cyn i America ymosod ar Iraq yn 2003, roedd archwilwyr arfau'r Cenhedloedd Unedig wedi bod yn chwilio'r wlad am arfau distryw mawr.

Yn 1990, roedd Saddam Hussein, unben Iraq, wedi ymosod ar Kuwait er mwyn ceisio rheoli'r cronfeydd olew enfawr ac wedi achosi Rhyfel cyntaf y Gwlff. Llwyddodd cynghrair ryngwladol o dan arweiniad UDA i'w drechu cyn pen misoedd, ond roedd Hussein yn dal mewn grym. Roedd yn un o elynion y Gorllewin o hyd, ac ar ôl Medi'r 11eg, dechreuodd yr Americanwyr ei gyhuddo o gefnogi terfysgwyr Palestina ac adeiladu arfau ofnadwy oedd yn llawn o germau a nwy gwenwynig.

America'n gweithredu
Roedd Saddam Hussein yn cael ei gasáu a'i ofni gan ei bobl ei hun, ac ychydig o gynghreiriaid oedd ganddo dramor. Ond teimlai sawl gwlad yn anesmwyth fod America'n bygwth ymosod ar Iraq heb dystiolaeth eglur fod ganddyn nhw arfau distryw mawr, a heb i'r Cenhedloedd Unedig gytuno. Roedd llawer o bobl yn cefnogi 'rhyfel byd-eang yn erbyn terfysgaeth' yr Americanwyr, ond doedden nhw ddim yn credu ei bod hi'n iawn i America, y wlad gryfaf yn y byd, ymosod ar wledydd eraill oherwydd bod amheuaeth eu bod yn cynllunio gweithredoedd terfysgol. Ond bwrw ymlaen â'r cynlluniau wnaeth America, gyda chefnogaeth Prydain a gwledydd llai eraill.

Ymosododd eu milwyr a chymryd rheolaeth ar Iraq yng ngwanwyn 2003.

WMD
Yn ystod y misoedd canlynol, cyhoeddodd swyddogion llywodraeth America rybuddion pellach. Dywedon nhw y byddai unrhyw wlad oedd ag arfau distryw mawr (WMD = weapons of mass destruction) yn cael ei hystyried yn fygythiad i heddwch y byd yn y dyfodol ac yn darged cyfreithlon ar gyfer ymosod. Nododd yr Americanwyr yn arbennig fod Iraq, oedd yn un o gynghreiriaid UDA, yn beryglus.

Rhesymau dros y rhyfel

Ers 11 Medi 2001, mae America a'i chynghreiriaid wedi dadlau bod modd cyfiawnhau eu rhyfel yn erbyn terfysgaeth. Maen nhw'n gobeithio y bydd eu grym milwrol enfawr yn trechu al-Qaeda un diwrnod, neu o leiaf yn atal unrhyw lywodraeth neu genedl rhag rhoi cefnogaeth i'r mudiad. Mae eraill wedi beirniadu'r gweithredoedd gwrthderfysgol hyn. Maen nhw'n honni bod yr Americanwyr yn ceisio gorfodi gwerthoedd seciwlar Gorllewinol ar wledydd eraill drwy arwain rhyfeloedd fel hyn, yn enwedig ar wledydd Mwslimaidd. Hefyd, maen nhw'n dweud mai ymgais yw'r rhyfeloedd i gymryd rheolaeth ar olew, adnodd egni mwyaf gwerthfawr y byd.

Tactegau cadarn, hawliau dynol

Mae beirniaid America hefyd yn dadlau bod UDA a'i chynghreiriaid, wrth chwilio am y rhai sy'n cael eu drwgdybio o fod yn derfysgwyr ers 11 Medi, 2001, wedi anwybyddu rhai o'u gwerthoedd democrataidd mwyaf gwerthfawr – yn enwedig yr hawl i dybio eich bod yn ddieuog cyn cael eich profi'n euog. Roedd llawer o Americanwyr yn teimlo balchder wrth weld bod America'n benderfynol o ddefnyddio tactegau cadarn wrth ymladd yn erbyn terfysgaeth. Ond i eraill, cododd gwestiwn mawr. Ai moethusrwydd nad yw unrhyw wladwriaeth yn yr 21ain ganrif yn gallu'i fforddio yw hawliau dynol erbyn hyn oherwydd terfysgaeth fyd-eang a'r ymdrechion i'w hatal?

Llun o gerflun anferth o Saddam Hussein gyda mwg a fflamau rhyfel yn Iraq yn y cefndir. Ar ôl ymgyrch o fomio targedau milwrol Iraq, roedd y rhan fwyaf o'r wlad yn nwylo'r Americanwyr a'r Prydeinwyr cyn pen mis.

BIN LADEN *yn siarad*

'. . . mae uwch swyddogion wedi siarad yn America, gan ddechrau gyda Bush, pennaeth yr anghredinwyr ledled y byd. Maen nhw wedi dod allan yn gryf gyda'u dynion, ac wedi perswadio hyd yn oed y gwledydd sy'n perthyn i Islam â'r brad hwn, ac maen nhw eisiau ysgwyd eu cynffon ar Dduw, ymladd yn erbyn Islam, gormesu pobl yn enw terfysgaeth...'

Osama bin Laden yn honni mai esgus yw rhyfel America yn erbyn terfysgaeth i oresgyn tiroedd Mwslimaidd.

Mae trychineb Medi'r 11eg yn dal yn fyw ym meddyliau'r rhan fwyaf o Americanwyr, a bob blwyddyn mae llawer yn cofio am y rhai a ddioddefodd yn y trychineb. Mae'r dynion tân hyn yn Tennessee yn cofio pawb yn y gwasanaeth tân a roddodd eu bywydau wrth geisio achub eraill.

Ar 5 Mai, 2003, honnodd yr Arlywydd Bush fod 'al-Qaeda'n ffoi'. Ond cyn pen y mis hwnnw, roedd terfysgwyr al-Qaeda wedi cyflawni dau ymosodiad newydd, gan ladd ac anafu cannoedd o sifiliaid yn Saudi Arabia a Morocco. Bu rhagor o ddigwyddiadau tebyg yn Nwyrain Affrica a De-ddwyrain Asia, ac awgrymiadau fod al-Qaeda yn cynllunio i weithredu eto yn UDA.

Gêm aros

Cred arbenigwyr mai gwaith 'cysgwyr' al-Qaeda oedd y rhan fwyaf o'r ymosodiadau hyn – pobl oedd wedi'u recriwtio ymhell cyn 11 Medi, 2001. Roedden nhw wedi cael gorchymyn i aros yn y dirgel a byw bywydau tawel, di-nod hyd nes eu bod yn cael gorchymyn i weithredu. Roedd arbenigwyr hefyd yn cydnabod ei bod hi'n debyg fod miloedd o gefnogwyr wedi'u hyfforddi gan al-Qaeda, yn barod

Roedd y rhai oedd yn cael eu hamau o fod yn derfysgwyr yn cael eu cymryd i Fae Guantanamo, Cuba (isod). Cyhoeddodd America eu bod yn 'ymladdwyr anghyfreithlon', statws unigryw oedd yn gwrthod rhoi'r un hawliau â charcharorion rhyfel arferol iddyn nhw.

BARN *y byd*

Ydy'r byd wedi newid ers 11 Medi, 2001?

YDY: 'Mae fy myd wedi newid cryn dipyn. Dwi wedi dod i ymfalchïo mwy yn fy ngwlad, er bod y byd fel petai'n edrych yn negyddol arni.'
April Liesel, Sir Los Angeles, California, UDA, 11 Medi, 2002

NAC YDY: 'Ni fu unrhyw newid yn yr athroniaeth wleidyddol, y fframwaith cymdeithasol, system byd busnes, y dulliau cynhyrchu, y system addysg na'r farn ar hawliau dynol. Does neb yn cael ei eni'n derfysgwr. Dicter ac anobaith sy'n gyrru dyn i weithredu fel hyn.'
Yr Athro Mukhtar Ali Naqvi, Orlando, Florida, UDA, 11 Medi, 2002

i ymosod eto, mewn bron i 40 gwlad. Er bod America a'i chynghreiriaid wedi dangos y gallen nhw ennill rhyfeloedd confensiynol yn hawdd, roedd hi'n amlwg nad oedden nhw wedi darganfod ffordd i drechu'r mudiad terfysgol mwyaf a mwyaf trefnus roedd y byd wedi'i weld erioed.

'Ffaith bywyd'?

Yn wyneb y bygythiad hwn, dechreuodd pobl ofyn, 'Beth ddylai'r byd wneud nesaf?' Sut dylai llywodraethau ymdrin â therfysgaeth? Oedd yn rhaid i wleidyddion, heddlu, milwyr a dinasyddion dderbyn bod terfysgaeth bellach yn 'ffaith bywyd', fel y tywydd? Neu a ddylen nhw ymladd yn ei erbyn? Os felly, a ddylen nhw ddefnyddio unrhyw ddull i erlid terfysgwyr a rhai o dan amheuaeth? Neu a ddylai cenhedloedd oedd yn honni eu bod yn edmygu rhyddid a democratiaeth barhau i gynnal cyfiawnder, rhyddid a hawliau dynol?

Yn dal mewn sioc

Mewn sawl ffordd, nid yw'r gymuned ryngwladol wedi dod dros sioc yr ymosodiadau terfysgol ar Ganolfan Masnach y Byd. Mae'r rhan fwyaf o bobl gyffredin yn dal i gael eu tristáu a'u harswydo gan derfysgaeth. Ychydig o bobl sy'n cefnogi ymosodiadau terfysgol – hyd yn oed os

ydyn nhw'n cydymdeimlo â nodau'r terfysgwyr. Ond mae digwyddiadau ers 11 Medi, 2001 wedi awgrymu na all grym milwrol enfawr yn unig atal terfysgaeth. Mae rhai pobl eisoes yn chwilio am ffordd arall i gael heddwch, drwy drafodaethau gwleidyddol a diwygiadau economaidd.

Oes gobaith i drafodaethau heddwch? Ym mis Mehefin 2003, mae poster yn Jerwsalem yn annog Iddewon i wrthod 'map ffyrdd' yr Arlywydd Bush – cynllun sy'n ceisio cael cytundeb heddwch rhwng Israel a'r Palestiniaid, a sefydlu gwladwriaeth annibynnol i'r Palestiniaid (uchod)

Amser a ddengys

Mae'r bobl sy'n chwilio am atebion gwahanol i fygythiad terfysgaeth yn deall na fydd cael gwared ar yr anghyfiawnder sy'n gwneud i bobl benderfynu bod yn derfysgwyr yn datrys problem terfysgaeth fyd-eang dros nos, nac yn dileu al-Qaeda. Ond i rai pobl, mae cael gwared ar anghyfiawnder, dod â gobaith, a gweithio dros gydraddoldeb yn gallu cynnig siawns o roi gwell dyfodol i bawb. Amser yn unig a ddengys a ydyn nhw'n gywir.

Y FFORDD *ymlaen*

'*Tristwch yw cadarnhau, er gwaetha'r rhethreg (geiriau teg) a datblygiadau technolegol bodau dynol modern, mai trais yw'r dull sy'n cael ei ffafrio i ddelio â phroblemau. Ni fydd rhagor o drais yn datrys y broblem ac ni ddylid mesur grym yn ôl cryfder milwrol. Yr unig ffordd y gallai 11 Medi newid y byd yw petai'n achosi i ni ddeffro i'r ffaith ein bod i gyd yn rhannu'r blaned hon ac NAD drwy ryfel y mae cael heddwch.*'

Beth Strachan, Vancouver, Canada, 11 Medi, 2002

LLINELL AMSER

1200–1896

• tua 1200 CC: Moses, proffwyd Iddewig yn arwain yr Hebreaid i Ganaan (y tir i'r dwyrain o'r Môr Canoldir). Maen nhw'n credu mai dyma 'Wlad yr Addewid' y mae Duw wedi'i rhoi iddyn nhw.

• tua 570 – 632 OC: Oes y Proffwyd Muhammad, athro crefyddol Arabaidd. Cred Mwslimiaid mai ef oedd negesydd mwyaf Duw, a'r olaf.

• 1098 – 1197: Milwyr Cristnogol (Croesgadwyr) yn meddiannu'r Wlad Sanctaidd.

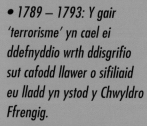

• 1789 – 1793: Y gair 'terrorisme' yn cael ei ddefnyddio wrth ddisgrifio sut cafodd llawer o sifiliaid eu lladd yn ystod y Chwyldro Ffrengig.

• 1880 – 1953: Oes Abd al-Aziz Ibn Saud, a ymgyrchodd dros annibyniaeth i Arabia a chefnogi mudiad Wahhabi oedd eisiau diwygio crefyddol Islamaidd.

1897–1946

• 1897: Y Gyngres Seionaidd Gyntaf yn galw am famwlad Iddewig annibynnol ar wahân.

• 1917: Ysgrifennydd Tramor Prydain yn gwneud datganiad ('Cyhoeddiad Balfour') yn cefnogi gwladwriaeth annibynnol Iddewig.

• 1932: Saudi Arabia yn dod yn wladwriaeth annibynnol. Mae'n dod yn gyfoethog ar ôl i olew gael ei ddarganfod yno yn 1938.

• 1941: Arlywydd America, Franklin D Roosevelt yn gwneud araith am hawliau dynol i'r 'Pedwar Rhyddid' (rhyddid i lefaru, rhyddid mynegiant, rhyddid i addoli, a rhyddid rhag angen ac ofn).

1947–1978

• 1947: Y Cenhedloedd Unedig yn rhannu Palestina yn wladwriaethau Iddewig ac Arabaidd.

• 1948: Israel yn dod yn annibynnol.

• 1967: Israel yn meddiannu'r Lan Orllewinol, lle mae llawer o Balestiniaid yn byw.

• 1970au: Terfysgwyr Palesinaidd yn herwgipio awyren yng Ngwlad Iorddonen, ac yn lladd aelodau o Dîm Olympaidd Israel yn Munich, yr Almaen.

• 1976: Sheikh Yassin Ahmad yn sefydlu Hamas, Mudiad Gwrthwynebu Islamaidd. Roedd yn ddi-drais i ddechrau, ond dechreuodd ddefnyddio dulliau mwyfwy treisgar yn ystod y 1990au, gan gynnwys tacteg hunanfomio.

1979–1986

• 1979: Milwyr Sofietaidd yn goresgyn Afghanistan. Mujahedin Afghanaidd (ymladdwyr guerrilla Mwslimaidd) yn cyhoeddi rhyfel sanctaidd yn eu herbyn.

• 1979: Ffwndamentalwyr Mwslimaidd yn disodli'r Shah (brenin) yn Iran. Yr arweinydd Islamaidd radical Ayatollah Khomeini yn dychwelyd o fod yn alltud i arwain y Chwyldro Islamaidd.

1987–1993

• *1987: Palestiniaid yn lansio intifada (gwrthryfel) i brotestio yn erbyn y ffaith fod Israel ym meddiant y Lan Orllewinol a Llain Gaza. Maen nhw'n lladd nifer o sifiliaid Israel mewn ymosodiadau hunanfomio. Yr Israeliaid yn taro'n ôl drwy ddymchwel adeiladau lle maen nhw'n amau bod terfysgwyr Palestinaidd yn cuddio.*

• *1989: Osama bin Laden, miliwnydd o Saudi Arabia yn sylfaenu al-Qaeda ('y Ganolfan') i uno'r holl Fwslimiaid a sefydlu llywodraeth Islamaidd fyd-eang.*

• *1993: Terfysgwyr Mwslimaidd, sy'n cael eu hamau o fod â chysylltiadau ag al-Qaeda, yn ymosod ar hofrenyddion byddin America yn Somalia.*

• *1993: al-Qaeda yn cael ei amau o osod bom bychan sy'n ffrwydro o dan Ganolfan Masnach y Byd yn Efrog Newydd, UDA.*

1994–2000

• *1994: Mullah Mohammad Omar, athro crefyddol Mwslimaidd Afghanaidd yn sefydlu'r Taliban ('Myfyrwyr Duw'), mudiad crefyddol yn Afghanistan.*

• *1995: Cynllwyn yn dod i'r amlwg lle roedd grŵp al-Qaeda yn bwriadu lladd Bill Clinton, Arlywydd America ar y pryd, yn y Pilipinas.*

• *1996: Y Taliban yn cymryd rheolaeth dros Afghanistan, ac yn cyflwyno cyfreithiau Mwslimaidd llym drwy'r wlad i gyd.*

• *1996: Osama bin Laden yn cael ei alltudio o Saudi Arabia, ac yn symud i Afghanistan sydd o dan reolaeth y Taliban.*

• *1998: al-Qaeda yn cyhoeddi ei bod hi'n ddyletswydd ar bob Mwslim i ladd dinasyddion America a'i chynghreiriaid.*

• *1998: al-Qaeda yn ffrwydro llysgenadaethau America yn Kenya a Tanzania, gan ladd llawer o bobl.*

• *2000: Terfysgwyr Mwslimaidd sydd â chysylltiad ag al-Qaeda yn ymosod ar USS Cole, llong Llynges America, tra mae mewn porthladd yng ngwlad Yemen yn y Dwyrain Canol.*

2001–2002

• *11 Medi 2001: Terfysgwyr Mwslimaidd yn herwgipio pedair awyren sifil yn America. Dwy awyren yn hedfan i ddau dŵr Canolfan Masnach y Byd, Efrog Newydd, gan achosi iddynt ddymchwel; un yn taro'r Pentagon yn Washington DC, a'r llall yn taro cae. Mae pobl yn amau bod cysylltiadau ag al-Qaeda.*

• *Medi – Hydref 2001: Yr Arlywydd Bush yn addo dod â'r terfysgwyr o flaen y gyfraith. Mae America yn cael cefnogaeth nifer o arweinwyr y byd, gan gynnwys ei hen elyn, Rwsia. Sefydlu adran newydd Diogelwch Cartref yn America. Cyflwyno rhagor o fesurau diogelwch i deithwyr awyr. Ymosodiadau anthracs yn creu panig ledled America.*

• *Hydref 2001: America yn arwain ymosodiad ar Afghanistan. Y Taliban yn gwasgaru.*

• *Ionawr 2002: Yr Arlywydd Bush yn rhoi araith lle mae'n enwi Gogledd Korea, Iran ac Iraq yn 'echel drygioni'.*

2002–

• *Hydref 2002: Terfysgwyr Mwslimaidd yn ymladd dros annibyniaeth ar Rwsia yn Chechnya yn dal gwystlon mewn theatr yn Moscow, Rwsia.*

• *Hydref 2002: Terfysgwyr Mwslimaidd gyda chysylltiad ag al-Qaeda yn ymosod ar glybiau nos yn Bali, Indonesia, gan ladd llawer o bobl.*

• *Mawrth 2003: America a'i chynghreiriaid, gan gynnwys Prydain, Awstralia a Gwlad Pwyl, yn ymosod ar Iraq.*

• *Mai 2003: Yr Arlywydd Bush yn honni bod 'al-Qaeda yn ffoi'. Ddiwrnodau'n ddiweddarach, terfysgwyr al-Qaeda yn ymosod ar sifiliaid yn Saudi Arabia a Morocco.*

anghredinwyr   Enw y mae ffwndamentalwyr Mwslimaidd yn ei ddefnyddio i ddisgrifio pawb nad ydyn nhw'n Fwslimaidd.

al-Qaeda   'Y Ganolfan'. Mudiad terfysgol a sefydlodd Osama bin Laden yn 1989 er mwyn uno pob Mwslim a sefydlu llywodraeth Islamaidd fyd-eang. Dwy brif gwyn al-Qaeda yw presenoldeb 'anghredinwyr' yn Arabia, man geni'r proffwyd Muhammad, a methiant y Gorllewin i gynnig gwladwriaeth annibynnol i Balestiniaid.

anthracs   Clefyd bacteriol marwol, a gafodd ei drosglwyddo'n wreiddiol i bobl gan ddefaid a gwartheg. Gellir cynhyrchu anthracs fel arf biolegol a gall ladd person os caiff ei fewnanadlu.

archwilwyr arfau'r Cenhedloedd Unedig   Swyddogion wedi'u hanfon gan y CU i chwilio am fathau arbennig o arfau mewn gwledydd y mae'r CU wedi'u gwahardd rhag cadw arfau o'r fath.

arfau biolegol   Tocsinau, bacteria neu firysau sy'n cael eu cynhyrchu i'w defnyddio wrth ryfela. Mae'n debygol fod arfau biolegol yn rhan sylweddol o arfau sawl gwladwriaeth.

Cenhedloedd Unedig   Corff rhyngwladol sy'n ceisio heddwch. Mae ei ganolfan yn Efrog Newydd.

Chechnya   Rhanbarth yn ne-orllewin Ffederasiwn Rwsia lle mae'r brodorion yn ymladd dros annibyniaeth ar Rwsia. Mae grwpiau terfysgol Chechnya wedi ymosod sawl gwaith ar dargedau yn Rwsia. Digwyddodd yr ymosodiad amlycaf ym mis Hydref 2002, pan gipiwyd theatr yn Moscow a dal y gynulleidfa'n gaeth.

CIA   The Central Intelligence Agency. Corff Americanaidd sy'n casglu cudd-wybodaeth o gwmpas y byd.

coctel Molotov   Dyfais ffrwydrol amrwd, sef hylif fflamadwy mewn potel.

croesgad   Ymgyrch filwrol ganoloesol i gael y Wlad Sanctaidd yn ôl oddi wrth y Mwslimiaid.

Diogelwch y Famwlad   Adran a sefydlodd yr Arlywydd George W Bush yn dilyn digwyddiadau 11 Medi 2001, er mwyn gwella diogelwch mewnol America.

Dwyrain Canol   Rhanbarth eang o dde-orllewin Asia a Gogledd Affrica, sy'n ymestyn o'r Môr Canoldir i Pakistan a chan gynnwys Penrhyn Arabia. Pobl sy'n siarad Arabeg sy'n byw yno'n bennaf.

echel drygioni   Term a roddodd yr Arlywydd George W Bush ar y gwledydd sy'n cael eu hamau o fod yn elyniaethus i fuddiannau America, sef Iran, Iraq a Gogledd Korea.

ETA   Mudiad terfysgol sy'n ymgyrchu am annibyniaeth i wlad y Basg yng ngogledd Sbaen a de-orllewin Ffrainc.

F15s   Yr awyrennau jet rhyfel a aeth i'r awyr ar 11 Medi 2001 – i warchod yr awyr dros ogledd-ddwyrain UDA wedi'r ymosodiad ar Ganolfan Masnach y Byd yn Efrog Newydd.

FBI   The Federal Bureau of Investigation. Corff sy'n gorfodi'r gyfraith yn America gyfan.

ffwndamentaliaeth   Dilyn hen gredoau traddodiadol crefydd yn gaeth.

guerrilla   Aelod o grŵp o wrthryfelwyr annibynnol sy'n ymladd dros achos arbennig.

Gwlad yr Addewid   Yn y ffydd Iddewig, y wlad a addawodd Duw i'r Iddewon. Gwlad Canaan, rhwng afon Iorddonen a'r Môr Canoldir.

Hamas   Mudiad gwrthsefyll Palestiniaid a sefydlodd Sheikh Yassin Ahmad yn 1976. Mae'n adnabyddus am ddefnyddio tactegau treisgar, yn enwedig hunanfomio.

herwgipio   Cipio – awyren, er enghraifft – a'i gorfodi i fynd i rywle arall.

hunanfomiwr   Terfysgwr sy'n lladd ei hun yn fwriadol wrth ffrwydro bom. Mae rhai ffwndamentalwyr Mwslimaidd yn gobeithio bod yn ferthyron wrth wneud hyn.

IRA   The Irish Republican Army. Mudiad terfysgol a sefydlwyd yn wreiddiol yn 1919. Ei nod oedd uno Gogledd Iwerddon (rhan o'r Deyrnas Unedig) â Gweriniaeth Iwerddon yn y de. Roedd tactegau'r IRA yn cynnwys ymgyrchoedd bomio, herwgipio a rhyfela guerrilla.

jihad   Term Arabeg, ei ystyr yw 'rhyfel sanctaidd'. Mae ysgolheigion Mwslimaidd yn nodi ei fod yn cyfeirio at sawl math gwahanol o frwydr, fel ceisio gweithio'n galed, neu fyw bywyd onest.

Llwybr Disglair   Mudiad o guerrillas Maoaidd yn Peru. Yn ystod y 1990au, roedden nhw'n gyfrifol am godi ofn ar filoedd o bobl a'u lladd, mewn ardaloedd gwledig yn bennaf.

Maöyddion   Dilynwyr athrawiaeth yr arweinydd Mao Zedong (1893-1976) o China. Mae terfysgwyr yn Nepal yn dilyn syniadau gwleidyddol Maoaidd, a guerillas y 'Llwybr Disglair' yn Peru.

map ffyrdd   Yr enw ar fenter heddwch wedi'i noddi gan America i gael heddwch rhwng yr Israeliaid a'r Palestiniaid a ddechreuodd yn 2003. Y nod yw cael y ddwy ochr i gytuno ar gyfres o ddyddiadau a chamau tuag at heddwch a chael gwladwriaeth Balestinaidd annibynnol.

mujahedin   Ymladdwyr guerrilla Mwslimaidd. Roedden nhw'n amlwg fel llu ymladd effeithiol yn Afghanistan ar ôl i'r Undeb Sofietaidd oresgyn y wlad yn 1979.

NATO   Cyfundrefn Cytundeb Gogledd Iwerydd (North Atlantic Treaty Organisation). Cytundeb a wnaed ym mis Ebrill 1949 lle'r aeth gwladwriaethau Gorllewin Ewrop i gynghrair filwrol gydag America i roi cymorth milwrol i'w gilydd petai ymosodiad yn digwydd – yn enwedig oherwydd bygythiad gwledydd comiwnyddol yn nwyrain Ewrop.

NORAD   North American Aerospace Defense Command. Y corff milwrol sy'n gwarchod yr awyr uwchben Canada ac America.

rhagymosod   Arfer ddadleuol gan America, sef ymosod yn filwrol ar wladwriaethau sy'n cael eu hamau o hyrwyddo terfysgaeth neu fod ag arfau distryw mawr yn eu meddiant, er nad oes tystiolaeth o fwriad neu allu'r gwladwriaethau hyn.

seciwlar   Heb fod yn grefyddol.

shariyah   Crefydd sanctaidd Mwslimaidd, wedi'i seilio ar athrawiaeth y Qur'an, llyfr sanctaidd y Mwslimiaid.

Taliban   'Myfyrwyr Duw'. Mudiad Mwslimaidd ffwndamentalaidd a sefydlodd Mullah Mohammad Omar, athro crefyddol yn Afghanistan yn 1994. Ar y dechrau, roedd y Taliban yn ymladd yn erbyn anghyfraith a llygredd. Cyflwynon nhw gyfundrefn Islamaidd gaeth yn Afghanistan, gan wahardd cerddoriaeth ac unrhyw waith i fenywod y tu allan i'r cartref.

Teigrod Tamil   Guerillas terfysgol yn Sri Lanka. Eu nod oedd sefydlu mamwlad annibynnol i'r lleiafrif Tamil yng ngogledd Sri Lanka, heb reolaeth y mwyafrif Sinhale. Drwy'r 1970au a'r 1980au, sefydlon nhw wersylloedd i hyfforddi terfysgwyr, a threfnu ymosodiadau gan hunanfomwyr.

terfysgaeth   Defnyddio trais neu godi ofn i gyrraedd nod gwleidyddol. Prif nod ac effaith terfysgaeth yw gwneud i'r cyhoedd ofni y gallai digwyddiadau erchyll ddigwydd ar hap.

unbennaeth   Gwladwriaeth lle mae'r grym i gyd yn nwylo un unigolyn, yr unben.

Undeb Sofietaidd   Gwlad a ffurfiwyd o diriogaethau Ymerodraeth Rwsia ar ôl Chwyldro Rwsia ym mis Hydref 1917. Enw arall arni yw'r Undeb Gweriniaethau Sosialaidd Sofietaidd. Chwalodd yr Undeb Sofietaidd yn 1991.

Wahhabiaeth   Mudiad diwygio crefyddol Islamaidd caeth. Ei nod yw puro Islam.

Wlad Sanctaidd, y   Rhanbarth o'r Dwyrain Canol sydd wedi'i rannu rhwng Syria, Israel, Gwlad Iorddonen a thiroedd dadleuol Palestina. Mae'r wlad yn sanctaidd i bobl o dair ffydd bwysig yn y byd, sef Iddewiaeth, Cristnogaeth ac Islam.

WMD   Weapons of Mass Destruction. Arfau distryw mawr. Gall y rhain gynnwys arfau biolegol, cemegol neu niwclear.

MYNEGAI

A

Abd al-Aziz Ibn Saud 14, 42
Abraham 12
Afghanistan 20, 21, 34, 35,
    36, 37, 42, 43, 45
Aifft, yr 12, 14
Ail Ryfel Byd 8
Alexander II, Tsar 16
Almaen, yr 42
al-Qaeda 19, 21, 33, 35, 37,
    39, 40, 41, 43, 44
        cysgwyr 40
ambiwlans, criwiau 4, 25, 29,
    31
American Airlines 22, 23, 26
Annan, Kofi 6, 31
anthracs 33, 44
Arafat, Yasser 31, 36
archwilwyr arfau 38, 45
arglwyddi rhyfel 34, 35
Awstralia 8, 43
awyrennau bomio Stealth B-2 5
awyrennau rhyfel 28, 35, 44
Ayatollah Khomeini 42

B

Balfour, Arthur 14
    Cyhoeddiad Balfour 42
Bali 43
Basg, Gwlad y 18
Belfast 18
bin Laden, Osama 6, 7, 15, 17,
    20, 32, 33, 34, 35, 37, 39,
    43, 44
Blair, Tony 36, 38
bomiau ceir 18
Boston 22, 23
brech wen 33
budd-daliadau lles 8

Bush, George W 9, 24, 27, 29,
    30, 31, 32, 33, 35, 36, 37,
    38, 39, 40, 41, 43, 44

C

Canada 45
Canolfan Masnach y Byd 4, 21,
    22, 23, 24, 25, 28, 29, 30,
    31, 41, 43, 44
Canolfan Masnach y Byd, tŵr y
    de 24, 28
Canolfan Masnach y Byd, tŵr y
    gogledd 23, 24, 28
Capitol 26
carcharorion rhyfel 40
Cenedlaetholwyr 19
Cenhedloedd Unedig 7, 15, 38,
    42, 44
Cerflun Rhyddid 11
Chechnya 18, 43, 44
China 11, 36
Chirac, Jacques 36
CIA (Central Intelligence
    Agency) 32, 44
Clinton, Bill 21, 43
Coca-Cola 8
cocên 19
Colombia 19
comiwnyddion 11, 16
corfforaethau rhyngwladol 10
crefydd 10, 14
Cristnogaeth 12
Cristnogion 12, 13, 15, 16, 33
Croesgadau 14, 15
Cromen y Graig 12
Cuba 37, 40
Cyfalafiaeth 8
Cyfansoddiad UDA 11
Cyfnewidfa Stoc Efrog Newydd
    10

cyfranddaliadau 10
Cynghrair y Cenhedloedd 14
Cyngres Seionaidd Gyntaf 14,
    42

Ch

Chwyldro Ffrengig 16, 42
Chwyldro 'La Terreur' 16

D

daearegwyr 13
De-ddwyrain Asia 40
democratiaeth 8, 11
Dwyrain Canol 6, 12, 13, 14,
    15, 17, 19, 44
dynion tân 4, 5, 25, 29, 30, 31

E

echel drygioni 37, 43, 44
Efrog Newydd 4, 7, 11, 21, 22,
    23, 27, 28, 30, 43, 44
ETA 18, 44
Ewrop 11, 14, 36

F

FBI (Federal Bureau of
    Investigation) 24, 32, 44

Ff

Ffrainc 14, 18, 36

G

Gadhafi, Moammar 37
Gaza, Llain 20, 43
gilotinau 16
Giuliani, Rudolph 29, 31
Glan Orllewinol 17, 18, 20,
    42, 43

Gogledd Iwerddon 18, 19
Gogledd Korea 37, 43, 44
Ground Zero 30, 31
Guantanamo, Bae 36, 40
Gweinyddiaeth Hedfan Ffederal
    UDA 22
Gwlad Pwyl 43
Gwlff Persia 13
gwystlon 16

H

Hamas 17, 42, 44
heddlu 4, 25, 28, 29, 30, 41
herwgipio 4, 16, 17, 22, 23,
    27, 42, 44
Hudson, Afon 30
hunanfomwyr 17, 42, 43, 44
Hussein, Saddam 6, 38, 39

I

Iddewiaeth 12
Iddewon 12, 13, 14, 15, 21,
    33
Iesu Grist 12
Indonesia 36, 43
intifada 20, 43
Iorddonen, Gwlad 12, 21, 42,
    44
Iran 6, 11, 12, 13, 14, 36, 38,
    42, 43, 44
Iran, Shah 42
Iraq 6, 12, 13, 14, 17, 38, 40,
    43, 44
Isaac 12
ISAF (International Security
    Assistance Force) 34
Islam 12, 14, 15, 34, 35
Islamaidd, Chwyldro 14, 20, 42
Israel 6, 12, 14, 20, 41, 42,
    45

J

Javidnama 11
Jerwsalem 12, 41
jihad 21, 45

K

Kabul 34, 35
Kenya 16, 21, 43
Kuwait 13

L

Le Sueur, Marian 9
Libya 36, 37
Logan, Maes Awyr 22
Los Angeles 22, 26, 40

Ll

Llwybr Disglair 45

M

Mao Zedong 19, 45
map ffyrdd i heddwch 41, 45
Mau Mau 16
Mecca 12
Medina 12
mewnfudwyr 11
Mohammad Atta 22
Mohammad Khatami 37
Molotov, coctel 18, 44
Morocco 40, 43
Moscow 36, 43, 44
Moses 12, 42
Muhammad 12, 32, 42, 44
Muhammad Ibn Abd al-Wahhab
    15
Muhammad Iqbal 11

mujahedin 14, 20, 45
Mullah Mohammad Omar 34,
    43, 45
Munich/München 42
Mwslimiaid 6, 11, 12, 13, 14,
    15, 19, 20, 24, 32, 35, 39,
    42, 43, 44, 45

N

Narodnaya Volya (Ewyllys y
    Bobl) 16
NATO (Cyfundrefn Cytundeb
    Gogledd Iwerydd) 36, 45
Nepal 19, 45
NORAD (North American
    Aerospace Defense
    Command) 22, 45

O

olew 13, 14, 42
Orlando 40

P

Pab Ioan Paul II 21, 31
Pakistan 15, 34, 36, 44
Palestina 12, 14, 15, 17, 32,
    42
Pentagon 4, 26, 30, 43
pererinion 12
Peru 19, 45
Pilipinas 36, 43
Pittsburgh 27
Powell, Colin 34
proffwydi 12
Prydain 14, 16, 38, 43
Putin, Vladimir 36

Ph

Philistiaid 13

Q

Qur'an 14, 45

R

Robertson, yr Arglwydd 36
Roosevelt, Franklin D 10, 42
Rwsia 8, 14, 18, 20, 36, 43

Rh

Rhufeiniaid 13
Rhyfel Byd Cyntaf, y 13
Rhyfel Oer, y 8, 20
Rhyngrwyd, y 4

S

Samariaid 13
Saudi Arabia 11, 13, 14, 15,
    20, 36, 40, 42, 43
Sbaen 18
Senedd America 11
shariyah 14, 45
Sharon, Ariel 31
Sinhaliaid 17, 45
Solomon 12
Somalia 21, 36, 43
Sri Lanka 17, 45
sylfaenwyr America 11
Syria 12, 36, 45

T

Taliban 20, 21, 34, 35, 43, 45
Tamiliaid 17
    'Teigrod Tamil' 17, 45
tanciau 34

Tanzania 21, 43
tawhid 15
temlau 12
Teyrngarwyr 19
Thurber, James 33
trethi 8
Twrci 13, 14
Tŷ Gwyn 26, 27
Tŷ'r Cynrychiolwyr 11

U

United Airlines 22, 24, 27
USS Cole 21, 43

V

Vancouver 41

W

Wahhabi 14, 42, 45
Washington DC 4, 26, 27, 30,
    43
Wlad Sanctaidd, y 12, 13, 14,
    42, 45
WMD (Arfau Distryw Mawr) 38,
    45
WTO (Sefydliad Masnach y Byd)
    10

Y

Yassin Ahmad, Sheikh 17, 42,
    44
Yemen 43
Ymerodraeth Otomanaidd 13,
    14
ymladdwyr anghyfreithlon 40

Z

Zimbabwe 8

CYDNABYDDIAETH

Cyhoeddwyd gyntaf yn 2003 gan ticktock Media Ltd.,
Unit 2, Orchard Business Centre, North Farm Road, Tunbridge Wells, Kent, TN2 3XF

ISBN 978 1 84851 278 8

Cyhoeddir gyda chefnogaeth
LLywodraeth Cynulliad Cymru.

Argraffwyd a rhwymwyd yng Nghymru gan
Wasg Gomer, Llandysul, Ceredigion SA44 4JL
www.gomer.co.uk